Peter Stetzenbach

# CAD-Leiterplattenentwicklung mit dem Schaltplan- und Layoutprogramm EAGLE 3.5

Vom Schaltplan über das Layout zur Fertigung

**15** Edition
expertsoft

Peter Stetzenbach

# CAD-Leiterplattenentwicklung mit dem Schaltplan- und Layoutprogramm EAGLE 3.5

Vom Schaltplan über das Layout zur Fertigung

3., neubearbeitete Auflage

Enthält:
1 3.5" Diskette

Die Deutsche Bibliothek – CIP-Einheitsaufnahme

**CAD-Leiterplattenentwicklung mit dem Schaltplan- und Layoutprogramm EAGLE 3.5** : vom Schaltplan über das Layout zur Fertigung / Peter Stetzenbach. – Renningen-Malmsheim : expert-Verl., 1997
   (Edition expertsoft ; 15)
   2. Aufl. u.d.T.: CAD-Leiterplattenentwicklung mit dem Schaltplan- und Layoutprogramm EAGLE 3.0
   ISBN 3-8169-1569-8

Buch. – 3., neubearb. Aufl. – 1997
   kart.

Diskette. – 3., neubearb. Aufl. – 1997

ISBN 3-8169-1569-8

3., neubearbeitee Auflage 1997
2., völlig neubearbeitete Auflage 1995
1. Auflage 1993

Bei der Erstellung des Buches wurde mit großer Sorgfalt vorgegangen; trotzdem können Fehler nicht vollständig ausgeschlossen werden. Verlag und Autoren können für fehlerhafte Angaben und deren Folgen weder eine juristische Verantwortung noch irgendeine Haftung übernehmen.
Für Verbesserungsvorschläge und Hinweise auf Fehler sind Verlag und Autoren dankbar.

© 1993 by expert verlag, 71272 Renningen-Malmsheim
Alle Rechte vorbehalten
Printed in Germany

Das Werk einschließlich aller seiner Teile ist urheberrechtlich geschützt. Jede Verwertung außerhalb der engen Grenzen des Urheberrechtsgesetzes ist ohne Zustimmung des Verlags unzulässig und strafbar. Dies gilt insbesondere für Vervielfältigungen, Übersetzungen, Mikroverfilmungen und die Einspeicherung und Verarbeitung in elektronischen Systemen.

# Vorwort

CAD steht für COMPUTER AIDED DESIGN , übersetzt liegt die Bedeutung im Computer unterstützten Entwerfen (Zeichnen).
Diese moderne Arbeitstechnik hat das Ziel, die Durchlaufzeit bei der Planung und Entwicklung von Anlagen und Geräten zu verkürzen.

Die Elektrotechnik beinhaltet ein sehr breites Umfeld, es reicht von der Hausinstallation über den Schaltschrankbau bis zu umfangreichen Elektronik-Schaltungen.
Damit die Bedienbarkeit solcher CAD-Systeme gewährleistet ist, haben sich am Markt entsprechende Branchenlösungen etabliert.

Die Mindestanforderung solcher CAD-Systeme besteht auf jedenfall darin, daß die jeweiligen Branchenlösungen für effizientes Arbeiten durchgängig sind.
Durchgängig bedeutet zum Beispiel für den Elektronik-Bereich, daß alle für die Erstellung von Vorlagen zur Leiterplattenfertigung anfallenden Arbeiten mit einem Softwaresystem erledigt werden können.

Das CAD - Programm EAGLE beinhaltet für den Elektronik-Bereich die entsprechenden Konfigurationen, da es zudem bedienerfreundlich konzipert wurde ist es gerade auch für den Einstieg in die CAD - Technik sehr gut geeignet.

Das Software-Programm läuft auf IBM-kompatiblen PCs (ab 386), MS-DOS 5.0, mindestens 2 MByte RAM, VGA-Karte mit Farbmonitor, Microsoft-kompatible (serielle) Maus, paralle Schnittstelle und Festplatte.
Ein Co-Prozessor ist nicht erforderlich, er beschleunigt jedoch das Programm an manchen Stellen.

Der hier vorliegende Band beinhaltet die Umsetzung einer praktischen Schaltung in ein fertiges Layout mit Hilfe des CAD-Programms EAGLE. Der Schwerpunkt bildet die computerunterstützte Layout-Erstellung. Des weiteren wird die Erstellung eines Stromlaufplanes und die Möglichkeit der automatischen Umsetzung in eine entsprechende Layoutvorlage ebenfalls mit Hilfe eines praktischen Beispiels erläutert.

**Kaiserslautern, März 1997**
**Meisterschule für Handwerker in Kaiserslautern**
**Lehrer für Fachpraxis**
**Peter Stetzenbach**

# Inhaltsverzeichnis

1. Eigenschaften von CAD - EAGLE 3.5 .........................1
2. Hardware Komponenten.........................................1
3. Grundlagen der Layouterstellung mit EAGLE..................2
3.1. Ebenentechnik..............................................2
3.2. Begriffsbestimmungen....................................... 5
3.3. Befehle in EAGLE........................................... 6
3.4. Starten von EAGLE..........................................12
4. Funktionstastenbelegung.....................................13
5. Erstellung eines Layouts mit dem Layout-..................15
   und Autorouter-Modul, aufgezeigt am
   Beispiel einer digitalen Zählerschaltung.
5.1. Anlegen eines Projektnamens...............................17
5.2. Arbeiten mit dem Raster...................................17
5.3. Platinengröße definieren..................................18
5.4. Erstellen einer neuen Ebene...............................20
5.5. Eckenmarkierung eingeben..................................20
5.6. Umstellung der Layerfarben................................21
5.7. Befestigungsbohrungen festlegen...........................22
5.8. Sperrflächen für die Bauelemente festlegen...............23
5.9. Datenzwischenspeicherung vornehmen........................23
5.10. Bauelemente plazieren....................................24
5.11. Entwurf eines neuen Bauteils............................28
5.12. Bauteilverbindungen verlegen............................33
5.13. Bauteilplazierung optimieren............................34
5.14. Sperrflächen für Leiterbahnen festlegen................34
5.15. Layout entflechten
      1. Manuell                            36
      2. Autorouter                         40
5.16. Kennzeichnung des Layouts...............................47
5.17. Freiflächendefinition                  49
6. Sonderbefehle...............................................52
7. Layout - Prüfprogramm.......................................61

| | | |
|---|---|---|
| 8. | Erzeugung von Listen............................64 | |
| 9. | Lötaugenänderungsprogramm XPAD | 67 |
| 10. | Layout - Dokumentationen.......................69 | |
| 11. | Erzeugen von Excellon Bohrdaten für Bohrautomaten | 76 |
| 12. | Erstellen von Bohrplänen | 79 |
| 13. | Erstellung eines Schaltplanes und die Umsetzung ..........80 in ein fertiges Layout aufgezeigt am Beispiel eines digitalen Durchgangsprüfers | |

13.1. Anlegen eines Projektnamens..............................81
13.2. Arbeiten mit dem Raster..................................81
13.3. Zeichnungsrahmen laden...................................81
13.4. Symbole plazieren........................................81
13.5. Verbindungslinien und Kreuzungspunkte einzeichnen........82
13.6. Verbindungslinien Namen zuordnen.........................82
13.7. Versorgungsspannung für integrierte Bauteile.............83
13.8. Sonderbefehle............................................84
13.9. Schaltung überprüfen.....................................85
14. Platine mit Schaltplan erzeugen..........................87
15. Platine prüfen...........................................88
16. Listen erzeugen..........................................88
17. Layout dokumentieren.....................................88
18. Entwurf von Symbolen, Devices und Packages...............89
18.1. Symboldefinition Widerstand..............................91
18.2. Packagedefinition Widerstand.............................95
18.3. Devicedefinition Widerstand..............................96
18.4. Symboldefinition 45°-Diode...............................99
18.5. Packagedefinition 45°-Diode.............................100
18.6. Devicedefinition 45°-Diode                             101
18.7. Symboldefinition 74132..................................102
18.8. Powersymbol für integrierte Bausteine definieren........103
18.9. Packagedefinition 74132.................................104
18.10.Devicedefinition 74132..................................105

19. Anhang

19.1. Lösungen zu den Aufgaben................................106
19.2  Sachwortverzeichnis.....................................117

# 1. Eigenschaften von CAD - EAGLE

- maximale Zeichenfläche 160 x 160 cm
- Auflösung 0,0001mm (0,1micron)
- Raster in Millimeter, Zoll, Mil oder mic einstellbar
- beliebige Leiterbahnbreiten, Lötaugendurchmesser und Bohrungsdurchmesser realisierbar
- runde, quadratische, längliche, und achteckige Lötaugen wählbar
- konventionelle und SMD - Technik möglich
- geeignet für Multilayer-Platinen
- Copper Pouring (Auffüllen z.B. mit Massefläche)
- automatische Platinen-Generierung
- automatische Verdrahtung der Versorgungsspannung
- bis zu 255 Layer, Farben beliebig einstellbar
- stufenloses zoomen möglich
- lesen von Netzlisten z.B. Orcad
- Electrical Rule Check ( Schaltplanprüfung )
- Design Rule Check ( Leiterplattenprüfung )
- Autorouten ( automatisches entflechten von Leiterplatten)
- Bereitstellung von Stücklisten; Verbindungslisten
- gleiche Bedienung in allen Betriebsarten
- Integrierter Texteditor
- History-Funktion für Befehle
- Online-Forward & Back-Annotation zwischen Schaltplan + Platine

# 2. Hardware Komponenten

Für ein sinnvolles Arbeiten mit Eagle sind folgende Komponenten erforderlich:

- ein IBM-kompatibler PC (ab 386)
- Farbmonitor mit VGA - Karte
- Microsoft - kompatible (serielle) Maus
- eine parallele Schnittstelle
- eine serielle Schnittstelle
- mindestens 2MByte RAM
- eine Festplatte
- Laserdrucker + Plotter

# 3. Grundlagen der Layouterstellung mit EAGLE

EAGLE ist ein Zeichenprogramm mit dem das Entwerfen von
Schaltplänen und Layouts in ähnlicherweise wie am Zeichen-
brett bzw. am Leuchtpult erfolgt.
Als Konstruktionshilfen stehen einerseits eine vielzahl von
Grundelementen, die in einer Bibliothek abgelegt sind
zur Verfügung. Anderseits hat man die Möglichkeit,
durch entsprechende Bearbeitungsfunktionen den Konstruktions-
aufwand durch entsprechende Manipulation bereits erzeugter
Elemente zu verringern ( Löschen, Verschieben, Drehen etc. ).

## 3.1. Ebenentechnik

Damit Layouts und Zeichnungen logisch strukturiert werden
können, erfolgt das Zeichnen und die Darstellung von
CAD - Entwürfen auf unterschiedlichen Ebenen.
Vergleichbar ist diese Technik mit dem Zeichnen auf
durchsichtigen Folien.
Insgesant stehen EAGLE 255 Layer (Ebenen ) zur Verfügung.
Jeder Layer ist durch eine Zahl zwischen 1 und 255 ge-
kennzeichnet und wird auf dem Bildschirm in einer eigenen
definierbaren Farbe dargestellt.
Die Layer 1 - 100 erfüllen besondere Aufgaben und sind vom
CAD - Programm fest belegt, die restlichen Layer stehen dem
Anwender zur freien Verfügung.
Weiterhin steht es dem Anwender frei, die Bildinhalte
aller oder einer beliebigen Anzahl von Ebenen gleichzeitig am
Bildschirm darstellen zu lassen.
Durch Ausblenden einzelner Ebenen kann einerseits eine
CAD - Konstruktion übersichtlicher werden, anderseits
kann durch das Ausblenden nicht benötigter Ebenen
der Bildaufbau beschleunigt werden.
Bei der Ausgabe der CAD - Konstruktion besteht die Möglich-
keit eine Auswahl der darzustellenden Ebenen zu treffen.
Wird zur Dokumentation ein Plotter bzw. ein Farbdrucker verwendet,
kann zusätzlich eine Strichstärken und Farbenzuordnung der
einzelnen Ebenen angegeben werden.

# Bedeutung der Layer mit Nummern unter 100

## Layout - Modul:

|     |          |                                                    |
|-----|----------|----------------------------------------------------|
| 1:  | Top      | (Leiterbahnverlauf Bestückungsseite)               |
| 2:  | Route2   | (Innenlage bei Multilayer)                         |
| 3:  | Route3   | (Innenlage bei Multilayer)                         |
| 4:  | Route4   | (Innenlage bei Multilayer)                         |
| 5:  | Route5   | (Innenlage bei Multilayer)                         |
| 6:  | Route6   | (Innenlage bei Multilayer)                         |
| 7:  | Route7   | (Innenlage bei Multilayer)                         |
| 8:  | Route8   | (Innenlage bei Multilayer)                         |
| 9:  | Route9   | (Innenlage bei Multilayer)                         |
| 10: | Route10  | (Innenlage bei Multilayer)                         |
| 11: | Route11  | (Innenlage bei Multilayer)                         |
| 12: | Route12  | (Innenlage bei Multilayer)                         |
| 13: | Route13  | (Innenlage bei Multilayer)                         |
| 14: | Route14  | (Innenlage bei Multilayer)                         |
| 15: | Route15  | (Innenlage bei Multilayer)                         |
| 16: | Bottom   | (Leiterbahnverlauf Lötseite)                       |
| 17: | Pads     | (Lötaugen von bedrahteten Bauelementen)            |
| 18: | Vias     | (Durchkontaktierungen)                             |
| 19: | Unrouted | (Luftlinien noch nicht gerouteter Signale)         |
| 20: | Dimension| (Platinenabmessungen und Kreise für Holes)         |
| 21: | tPlace   | (Bestückungsdruck oben)                            |
| 22: | bPlace   | (Bestückungsdruck unten)                           |
| 23: | tOrigins | (Aufhängepunkte oben)                              |
| 24: | bOrigins | (Aufhängepunkte unten)                             |
| 25: | tNames   | (Bestückungsdruck oben für Bauteilnamen)           |
| 26: | bNames   | (Bestückungsdruck unten für Bauteilnamen)          |
| 27: | tValues  | (Bestückungsdruck oben für Bauteilwert)            |
| 28: | bValues  | (Bestückungsdruck unten für Bauteilwert)           |
| 29: | tStop    | (Lötstopmaske oben)                                |
| 30: | bStop    | (Lötstopmaske unten)                               |
| 31: | tCream   | (Lotpaste oben)                                    |
| 32: | bCream   | (Lotpaste unten)                                   |
| 33: | tFinish  | (Veredelung von oben)                              |
| 34: | bFinish  | (Veredelung von unten)                             |

| | | |
|---|---|---|
| 35: | tGlue | (Klebemaske oben) |
| 36: | bGlue | (Klebemaske unten) |
| 37: | tTest | (Test-und Abgleichinformationen oben) |
| 38: | bTest | (Test-und Abgleichinformationen unten) |
| 39: | tKeepout | (Sperrflächen für Bauteile oben) |
| 40: | bKeepout | (Sperrflächen für Bauteile unten) |
| 41: | tRestrict | (Sperrflächen für Leiterbahnen oben) |
| 42: | bRestrict | (Sperrflächen für Leiterbahnen unten) |
| 43: | vRestrict | (Sperrflächen für Vias) |
| 44: | Drills | (Bohrungen durchkontaktiert) |
| 45: | Holes | (Bohrungen nicht durchkontaktiert) |
| 46: | Milling | (CNC-Fräser-Daten zum Schneiden der Platine) |
| 47: | Measures | (Bemaßungen) |
| 48: | Document | (Dokumentation) |
| 49: | Reference | (Passermarken) |

### Schaltplan - Modul:

| | | |
|---|---|---|
| 91: | Nets | (Netze, Verbindungsl. zu den Schaltzeichen) |
| 92: | Busses | (Busse) |
| 93: | Pins | (Anschlußpunkte für Schaltplansymbole) |
| 94: | Symbols | (Umrisse der Schaltplansymbole) |
| 95: | Names | (Namen bei Schaltplansymbolen) |
| 96: | Values | (Werte/Typbezeichnungen bei Schaltplansymbolen) |

Damit beim Arbeiten mit EAGLE nur die Layer im Menü erscheinen, die tatsächlich benötigt werden, besteht die Möglichkeit dies in einer eigenen oder vorhandenen Konfigurationsdatei festzulegen. Werden z.B generell keine Multilayer-Platinen entwickelt, dann sollten die Innenlayer gesperrt werden.
Damit dies automatisch beim Programmstart ausgeführt wird, ist diese Konfiguration in der Datei EAGLE.SCR zu vermerken.

**Beispiel:**
Die Datei wird mit dem integrierten Texteditor modifiziert.
Ausgangsposition: EAGLE CONTROL PANEL

| | |
|---|---|
| FILE | **LMT** |
| OPEN | **LMT** |
| SCRIPT | **LMT** |
| EAGLE.SCR | **LMT** |

Im Board-Modus folgenden Text dazufügen.
Set*used_layers*1*16*17*18*19*20*21*22*23*24*25*26*27*28*29*30
           39*40*41*42*43*45*47*48*49*111;

| | |
|---|---|
| FILE | **LMT** |
| SAVE | **LMT** |

Fenster mit 2x**LMT** auf System-Button schließen

## 3.2 Begriffsbestimmungen

**Airline (Luftlinie):**
Direkte, noch nicht verlegte Verbindung zwischen zwei Punkten auf einer Platine.

**Bibliothek:**
In einer Bibliothek sind beim Arbeiten mit dem Layout - Modul die Gehäuseformen der Bauteile abgelegt ( Packages ).
In den Bibliotheken für das Schaltplan - Modul sind die einzelnen Schaltzeichen (Symbole, Devices) abgelegt.

**Default** (Voreinstellung):
In EAGLE lassen sich zahlreiche Parameter einstellen. Beim Start des Programms sind diese Parameter mit dem Default-Wert vorbelegt.

**Device** (nur im Schaltplan - Modul):
Ein Device wird in der Bauteile - Bibliothek definiert. Es besteht aus einem oder mehreren Symbolen (z.B. vier NAND - Gattern und einem Spannungsversorgungssymbol).
Der Inhalt eines Device entspricht dem eines kompletten Bausteins mit der Angabe der Gehäuseform.

**Layer** (Zeichenebene)

**Schematic** (Schaltplan)
Mit Schematic wird eine Schaltplan - Datei geladen.

**Sheet** (Blatt eines Schaltplanes)
Ein Schaltplan kann auf maximal 99 Blätter aufgeteilt sein.

## 3.3 Befehle in EAGLE

**ADD**
Elemente aus Bibliothek holen bzw. Symbol in Device einfügen.

**ARC**
Kreisbogen zeichnen.

**ASSIGN**
Befehl zum Belegen und zur Kontrolle der aktuellen Funktionstastenbelegung.

**AUTO** (nur mit Autorouter - Modul)
Befehl zum aktivieren des Autorouters.

**BOARD**
Befehl um einen Schaltplan in eine Platinen - Datei umzuwandeln.

**BUS**
Zeichnen von Bussen im Schaltplan.

**CHANGE**
Ändern von Parametern

**CIRCLE**
Zeichnen von Kreisen.

**CLOSE**
Schließen einer Bibliothek.
Fenster schließen.

**CONNECT**
Zuordnung von Pins und Pads

**COPY**
Kopieren von Objekten und Elementen

**CUT**
Gruppe einer Platine, Zeichnung in einen Zwischenspeicher zu laden.

**DELETE**
Löschen von Objekten und Elementen.

**DIR**
Anzeigen von Inhaltsverzeichnissen

**DISPLAY**
Auswahl der sichtbaren Layer

**DRC**
Design Rule Chek (Platine prüfen)

**EDIT**  (Lade - Befehl)

**ERC** (nur mit Schaltplan - Modul)
Electrical Rule Chek (Schaltplan wird auf elektrische Fehler geprüft).

**ERRORS**
Zeigt Fehler, die vom DRC gefunden wurden.

**EXPORT**
ASCII - Dateien erzeugen.

**GATESWAP** (nur mit Schaltplan - Modul)
Äquivalente Gates vertauschen.

**GRID**
Rasterdarstellung und -einheit einstellen.

**GROUP**
Definieren einer Gruppe

**HELP**
Alle Befehle anzeigen.

**HOLE**
Bohrloch in Platine oder Package einfügen.

**INFO**
Eigenschaften von Objekten anzeigen.

**INVOKE** (nur mit Schaltplan - Modul)
Bestimmte Gates von Bauteilen holen.

**JUNKTION** (nur mit Schaltplan - Modul)
Markierungspunkt für zusammengehörige Netze setzen.

**LABEL** (nur mit Schaltplan - Modul)
Busse und Netze beschriften.

**LAYER**
Wechseln und Definieren von Layern.

**MARK**
Marke in der Zeichnung definieren.

**MENU**
Menüleiste verändern.

**MIRROR**
Objekte spiegeln.

**MOVE**
Bewegen von Objekten und Elementen.

**NAME**
Anzeigen und Ändern von Namen.

**NET** (nur mit Schaltplan - Modul)
Zeichnen von Netzen im Schaltplan.

**OPEN**
Öffnen einer Bibliothek.

**OPTIMIZE**
Zusammenfassen von Wire - Segmenten.

**PACKAGE** nur mit Schaltplan - Modul
Zuweisung eines Package für ein Device.

**PAD**
Plazieren von Pads in Packages

**PASTE**
Inhalt des Paste-Puffers einfügen.

**PIN**
Anschlußpunkte in Symbolen definieren.

**PINSWAP**
Pins / Pads vertauschen.

**POLYGUN**
Zeichnen von Polygonflächen

**PREFIX** (nur mit Schaltplan - Modul)
Präfix für Schaltzeichen festlegen.

**QUIT**
Beendet die Arbeit mit EAGLE.

**RATSNEST**
Neuberechnung der Luftlinien.
Berechnung der definierten Polygonflächen

**RECT**
Rechteck in Zeichnung einfügen.

**REDO**
Befehl erneut ausführen.

**REMOVE**
Löschen von Dateien, Devices, Symbolen, Packages und Sheets.

**RENAME**
Symbole, Devices oder Packages in einer Bibliothek umbenennen.

**REPLACE**
Element in Platine austauschen.

**RIPUP**
Verdrahtete in unverdrahtete Signale verwandeln.

**ROTATE**
Drehen von Objekten und Elementen.

**ROUTE**
Unverdrahtete in verdrahtete Signale umwandeln

**RUN**
User-Language-Programm ausführen.

**SCRIPT**
Befehlsdatei ausführen.

**SET**
Systemparameter verändern.

**SHOW**
Anzeigen von Namen, Elementen und Objekten.

**SIGNAL**
Signale definieren.

**SMASH**
Loslösen von >NAME - und >VALUE - Texten.

**SMD**
Plazieren von Smds in Packages.

**Split**
Knicke in Wires einfügen.

**TEXT**
Plazieren von Text.

**UNDO**
Vorhergehende Befehle zurücknehmen.

**USE**
Bibliothek laden.

**VALUE**
Elementwert eintragen und ändern.

**VIA**
Plazieren von Durchkontaktierungen.

**WINDOW**
Bildausschnitt festlegen oder Bild auffrischen.

**WIRE**
Linien einzeichnen.

**WRITE**
Abspeichern einer Zeichnung oder Bibliothek.

## 3.4. Starten von EAGLE (Festplatte)

Bevor Eagle gestartet wird, muß der Mousetreiber aufgerufen werden.
Sinnvollerweise fügt man den Aufruf hierzu in die Datei Autoexec.Bat mit ein.
Mit dem DOS - Befehl cd wechselt man zuerst in das Arbeitsverzeichnis auf dem EAGLE installiert ist.
In unserem Fall heißt das Arbeitsverzeichnis Eagle.
Eingabe: cd eagle Return.
Gestartet wird EAGLE vom Arbeitsverzeichnis aus mit der Eingabe: EAGLE Return.
Bildschirminstallation:
Ohne besondere Maßnahme verwendet Eagle automatisch die VGA-Auflösung (640x480, 16Farben).

**Die höchstmögliche Auflösung wird mit EAGLE -G! aufgerufen.**

Wird gezielt eine andere Auflösung verlangt, dann muß EAGLE mit dem Grafik-Parameter -G und dem Namen des Treibers aufgerufen werden.
**Beispiel:**
    **EAGLE -G FG_VESA6A  RET**
Eine Liste der verfügbaren Grafiktreiber erhält man folgendermaßen:
    **EAGLE -G ?   RET**
(Großes G verwenden)

## Definitionsfestlegung

Zum besseren Verständnis der Dokumentation hier noch eine kurze Erläuterung von verwendeten Abkürzungen.

**RMT** = rechte Maustaste betätigen

**LMT** = linke Maustaste betätigen

**MMT** = mittlere Maustaste betätigen, oder bei einer Maus mit zwei Tasten gleichzeitig beide Tasten betätigen

**RET** = Return betätigen

 * = Leerzeichen bei Texteingaben

 # = Erläuterungen

# 4. Funktionstastenbelegung

Damit man beim Aufruf von Befehlen nicht unnötig viel Zeit verliert, wurden Befehle die man häufig selektiert bestimmten Funktionstasten zugeordnet.

## 4.1. Zuordnung Hauptmenü:

| | | |
|---|---|---|
| **F1:** | HELP | Hilfe Funktion |
| **ALT-F1** | HELP | Oberste Hilfe-Seite |
| **ALT-F2** | WINDOW FIT; | Darstellung der gesamten Leiterplatte bei größtmöglicher Bildschirmausnutzung. |
| **F2:** | WINDOW; | Auffrischung des aktuellen Bildausschnittes. |
| **F3:** | WINDOW 2; | Vergrößerung des aktuellen Bildausschnittes um den Faktor2. |
| **F4:** | WINDOW 0.5; | Verkleinern des aktuellen Bildausschnittes um den Faktor2. |
| **F5:** | WINDOW ($) | Neues Zentrum an akt. Position des Mauscursors. |
| **F6:** | GRID | Raster ein/ausblenden. |
| **F7:** | MOVE | MOVE-Befehl |
| **F8:** | SPLIT | SPLIT-Befehl |
| **F9:** | UNDO | Vorherigen Befehl zurücknehmen (beliebig oft) |
| **F10:** | REDO | Zurückgenommenen Befehl wieder ausführen |

Mit dem Befehl **ASSIGN; RET** kann man sich die aktuelle Belegung der Funktionstasten anschauen.
Des weiteren kann man mit diesem Befehl bestehende Belegungen der Funktionstasten verändern, oder freie Tasten belegen.

### Beispiel:
Die Funktionstaste F11 soll mit dem Befehl CHANGE LAYER BOTTOM belegt werden.

### Lösung:
                **ASSIGN\*F11\*'CHANGE\*LAYER\*BOTTOM';**

### Anmerkung:
Die Befehlssequenz sollte wegen der Eindeutigkeit in Hochkommas eingeschlossen sein. Die Befehlssequenz muß des weiteren mit einem Strichpunkt abgeschlossen werden.

Alle restlichen Funktionstasten können in Kombination mit ALT, CTRL und SHIFT mit Befehlssequenzen belegt werden.

**Vor die Bezeichnung der Funktionstaste muß jeweils der Anfangsbuchstabe A, C oder S gesetzt werden.**

## 4.2. Zuordnung Fensteroberfäche:

| | |
|---|---|
| **ALT+0** | Fensterliste öffnen |
| **ALT+1** | Fenster Nr.1 öffnen (dto für 2,3,....) |
| **ALT-F4** | Window schließen |
| **ALT-F5** | Restore original size of window |
| **ALT-F6** | Next window |
| **ALT-F7** | Fenster bewegen |
| **ALT-F8** | Fenstergröße verändern |
| **ALT-F9** | Minimize window/Fenster minimieren |
| **ALT-F10** | Maximize window/Fenster maximieren |
| **ALT+X** | Programm beenden |

Mit den Tasten Crsr-Up und Crsr-Down kann man unter den letzten zwanzig eingegebenen Kommandozeilen wählen.
Die ESC-Taste löscht den Eintrag.

Der Bildaufbau läßt sich mit Ctrl-Break unterbrechen.
Das kann dann sinnvoll sein, wenn man einen neuen Ausschnitt wählen will, bevor der gegenwärtige Bildausschnitt vollständig auf dem Bildschirm sichtbar ist.

### AUFGABE:

Belege die Funtionstaste F12 mit der Befehlssyntax :

Wechsle die Ebene zur Top-Seite

### Lösung:

**ASSIGN*F12*'CHANGE*LAYER*TOP';**

# 5. Erstellen eines Layouts mit dem Layout und Autorouter-Modul, aufgezeigt am Beispiel einer digitalen Zählerschaltung.

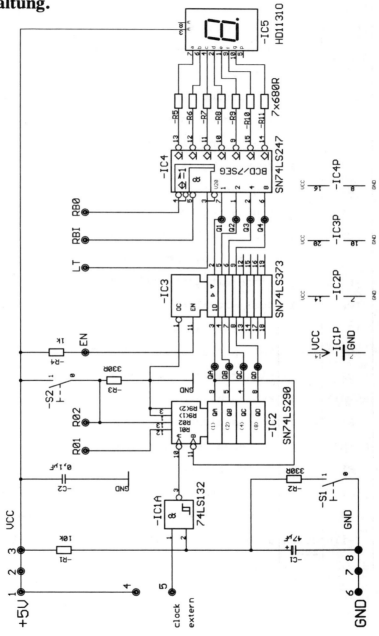

# STÜCKLISTE
# DIGITALER ZÄHLER

| Teil | Stück zahl | Gegenstand und Rohmaße | Werkstoff/Typ |
|---|---|---|---|
|  | 1 | Leiterplatte 100 x 160 x 1,5 /35µm zweiseitig positiv fotobeschichtet | FR4 |
|  | 22 | Lötstützpunkt | Ms versilbert |
|  | 2 | IC-Fassung (Assmann) | DIL 14 polig |
|  | 1 | IC-Fassung (Assmann) | DIL 16 polig |
|  | 1 | IC-Fassung (Assmann) | DIL 20 polig |
|  | 1 | IC-Fassung (Assmann SPF-20) | 20 polig |
| S2 | 1 | Digitaster rot    (Schadow) | RAK-1U |
| S1 | 1 | Digitastertaster schwarz (Schadow) | RAK-1U |
| IC5 | 1 | 7-Segment-LED-Anzeige 13,5mm | HD 1131 O |
| IC4 | 1 | BCD zu 7-Segmentdecoder | SN74LS247 |
| IC3 | 1 | Ein 8-Bit Latch mit Enable | SN74LS373 |
| IC2 | 1 | Dezimalzähler | SN74LS290 |
| IC1 | 1 | Vier NAND-Schmitt-Trigger | SN74LS132 |
| C2 | 1 | Folienkondensator   RM=7,5 | 0,1µF/63V/MKS |
| C1 | 1 | Elektrolytkondensator axial | 47µF/25V |
| R5-R11 | 7 | Kohleschichtwiderstand | 680õ/0,25W/5% |
| R4 | 1 | Kohleschichtwiderstand | 1kõ/0,25W/5% |
| R2-R3 | 2 | Kohleschichtwiderstand | 330õ/0,25W/5% |
| R1 | 1 | Kohleschichtwiderstand | 10kõ/0,25W/5% |
|  | 4 | Platinenfüße ⌀8 x 25 | Messing |

## 5.1. Anlegen eines Projektnamens

| | |
|---|---|
| FILE | **LMT** |
| OPEN | **LMT** |
| BOARD | **LMT** |
| Zahlxx.brd | **LMT** |
| OK | **LMT** |
| Maximize | LMT |

\# Eine neue Board - Datei mit dem Namen ZAHLxx.brd wird im Unterverzeichnis EAGLE erstellt.
Soll eine bereits bearbeitete Platine aufgerufen werden, dann kann der entsprechende Platinennamen mit der LMT selektiert werden und mit **OK LMT** bestätigt werden.
Oder die Platine wird direkt vom EAGLE CONTROL PANEL mit 2 x **LMT** aufgerufen.

## 5.2. Arbeiten mit dem Raster

**F6**
\# Raster wird mit der Default - Einstellung eingeblendet

**F6**
\# Raster wird ausgeblendet

**Rastereinstellung verändern:**

| | | | |
|---|---|---|---|
| GRID | **LMT** | | |
| ON | **LMT** | | \# Raster ein |
| LINES | **LMT** | | \# Liniendarstellung |
| mm | **LMT** | | \# Maßstab in mm |
| Size | 1 | | \# Rasterabstand beträgt 1.000mm |
| Multiple | 2 | | |

\# Nur jede 2. Rasterlinie wird dargestellt. Intern ist weiterhin das 1.000mm Raster geladen.

| | |
|---|---|
| OK | **LMT** |

\# Raster wird mit der eingestellten Einstellung eingeblendet.

## 5.3. Platinengröße definieren

```
WIRE            LMT
0               RET     # Maß der Linienbreite
                MMT     # Layer auswählen
DIMENSION       LMT     # Ebene für Platinengröße aktiviert
```

Anfangspunkt bei x = 0 und y = 0 mit **LMT** selektieren

1. Koordinatenpunkt bei x = 160 und y =100 mit **LMT** selektieren

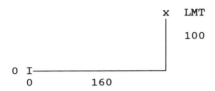

2. Koordinatenpunkt bei x = 0 und y = 0 mit **LMT** selektieren

Nochmals **LMT** zum ablegen des Wire-Befehls

# Endpunkt muß 2 x mit LMT selektiert werden.


### HINWEIS:
Platinenumrisse müssen in den DIMENSION - Layer gezeichnet werden, damit der Autorouter beim Verlegen der Leiterbahnen die Platinengröße einlesen kann.

# Korrekturbefehle:

F9  =  UNDO  =  ein Schritt zurück

F10 =  REDO  =  ein Schritt vor

Muß eine falsch gezeichnete Linie verschoben werden:

MOVE          **LMT**          (F7)

Linie die verschoben werden soll mit **LMT** selektieren,
Linie am richtigen Platz mit **LMT** wieder ablegen.

Muß eine zuviel gezeichnete Linie entfernt werden:

DELETE        **LMT**

Linie die gelöscht werden soll mit **LMT** selektieren

## Platinengröße definieren durch Einlesen einer Script-Datei

Soll eine genormte Leiterplattengröße z.B. Europaformat
100 x 160 mm verwendet werden, so kann dies auch durch
einlesen einer Script-Datei erfolgen.

SCRIPT        **LMT**
EURO          **LMT**

# Europaformat wird in den Dimension - Layer geladen.

Wird eine andere Platinengröße standardmäßig verwendet,
dann kann man eine bestehende Script - Datei ändern oder
eine neue Datei erstellen.
Näheres hierzu im Kapitel Sonderbefehle.

## 5.4. Erstellen einer neuen Ebene

Muß eine neue Ebene definiert werden, dann ist zu beachten, daß die ersten 100 Layer vom Programm fest definiert sind und nicht verändert werden dürfen.

Befehlssequenz dargestellt am Beispiel der Ebene 111 die den Namen Ecken erhalten soll.

**Layer*111*Ecken;    RET**

## 5.5. Eckenmarkierung eingeben

Zum Zweck der Herstellung einer Leiterplatte sollte eine Platinenbegrenzung auf dem Layout vorhanden sein.
Diese Begrenzung darf keine geschlossene Umrandung sein, sie darf lediglich aus Eckpunkten bestehen.
Diese Eckpunkte zeichnen wir in den Ecken - Layer, den wir bereits zur besseren Strukturrierung neu angelegt haben.
Die Linienbreite soll 2.00mm betragen und die Linie sollte eine länge von 10mm nicht überschreiten.

### Teilbereich vergrößern

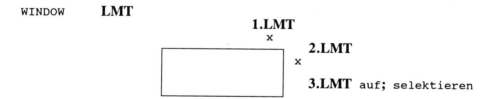

WINDOW     **LMT**

                    **1.LMT**
                      x
                              **2.LMT**
                      x
                              **3.LMT** auf; selektieren

\# der markierte Ausschnitt wird mit maximaler Größe auf dem Bildschirm dargestellt.

Die Teilbereichsvergrößerung kann auch mit den Funktionstasten F5 und F3 erreicht werden, indem vor dem Betätigen der Funktionstaste F5 der Cursor in den Mittelpunkt des entsprechenden Teilbereichs bewegt wird, doch vorher muß irgend ein Befehl in der Menüleiste selektiert werden.

# Ecken markieren

| | | | |
|---|---|---|---|
| WIRE | **LMT** | # | Zeichnen von Geraden |
| 2 | **RET** | # | Linienbreite 2mm |
| | **MMT** | # | Layer auswählen |
| ECKEN | **LMT** | # | Ebene für Ecken aktiviert |

Anfangspunkt der Linie mit **LMT** selektieren.

Endpunkt der Linie mit **2 x LMT** selektieren.

Teilbereichsvergrößerung mit Hilfe der Slider
an die entsprechenden Positionen fahren.

**Aufgabe 1 :** restliche Eckpunkte einfügen;

## 5.6. Umstellung der Layerfarben

Zur farblichen Unterscheidung der Eckpunkte, hat man die
Möglichkeit dem Ecken - Layer eine andere Farbe zuzuordnen.

**Befehlssequenz:**

                       set*color_layer*ecken*magenta;    **RET**

# Die Farbenzuordnung erfolgt bei einem neuen Bildaufbau.

## 5.7. Befestigungsbohrungen festlegen.

Damit Befestigungsbohrungen eindeutig auf dem Bildschirm ersichtlich sind, sollten sie eine andere Form als die Lötaugen haben.
Desweiteren soll die Kennzeichnung auf dem Layout kleiner sein als die Bohrung, damit nach dem Bohren kein Kupfer stehen bleibt.

Die digitale Zählerplatine soll für die Befestigung von Standfüßen 4 Bohrungen mit einem ø von 4mm erhalten.
Die Positionen der Bohrungen sollen sich jeweils 10 x 10mm von den Eckpunkten entfernt befinden.

Zwei Möglichkeiten stehen hierzu zur Verfügung:

1. Mit dem Befehl HOLE ein Bohrloch an der entsprechenden Position ablegen. (Bohrlochdurchmesser Online verändern)

2. Verwendung eines Bohrsymbols aus der bestehenden Bibliothek

Befehlssequenz für 2.Möglichkeit

**Teilbereich vergrößern**

| | |
|---|---|
| USE | **LMT** |
| SPEZIAL | **LMT** |
| OK | **LMT** |
| ADD | **LMT** |
| DRILL4 | **2x LMT** oder |
| OK | **LMT** |

Mit dem Mauscursor an die Position x=10 y=10 fahren und **LMT** betätigen.

**Aufgabe 2:**
Die restlichen Befestigungsbohrungen sind einzuzeichnen

**Befehlssequenz:**
.........................
.........................
.........................

## 5.8. Sperrbereiche für Bauelemente festlegen.

Dürfen in bestimmten Bereichen einer Leiterplatte keine Bauelemente plaziert werden, dann sollte man diese Bereiche kennzeichnen.
Folgende Layer stehen zum Anlegen von Sperrflächen für Bauteile zur Verfügung :

tKeepout     # Sperrbereich für Bauteile Platinenoberseite

bKeepout     # Sperrbereich für Bauteile Platinenunterseite

### Aufgabe 3:
Am Rand der Leiterplatte darf im Abstand von 7mm kein Bauteil plaziert werden.

### Befehlssequenz:

```
RECT            LMT
                MMT
tKeepout        LMT
```

1. Eckpunkt mit **LMT** selektieren
Sperrbereich durch verschieben der Maus einstellen und mit **LMT** Bereichseinstellung abschließen.

Restliche Randsperrbereiche definieren.

## 5.9. Datenzwischenspeicherung vornehmen

### auf Festplatte / Server :

```
WRITE           LMT
```
Drawing: angebenes Verzeichnis mit OK **LMT** bestätigen oder falls notwendig ändern.

### HINWEIS:
Von EAGLE wird beim Abspeichern von Platinen, Schaltplänen und Bibliotheken immer eine Sicherheitskopie mit dem jeweiligen Datei-Namen und den Zusätzen B#1, S#1, L#1 erzeugt.
Die letzten 9 Versionen bleiben dadurch intern gespeichert und können auf der DOS-Ebene im Fehlerfalle wieder initialisiert werden.

### auf Diskette :

```
WRITE           LMT
```
Drawing: z.B. a:\zahlxx
```
OK              LMT
```

## 5.10. Bauelemente plazieren

**Bevor mit der Bauteilplazierung begonnen wird, muß das Raster auf die Grundeinheit 1/20" eingestellt werden.
( siehe 5.2.)**

USE             **RET**

\# Ein Menüfenster mit den vorhandenen Bibliotheken wird
   geöffnet
   Da wir uns im Layout-Modus befinden und die Schaltung mit
   bedrahteten Bauteilen realisiert werden soll, sind nur die
   Bibliotheken mit Gehäuseformen relevant.
   Die Bibliotheken ACTIVE, CONNECT, IC, PASSIVE, PINHEAD
   und SPEZIAL sind die, die hierfür in Betracht kommen.nehmen.

Bibliothek die geladen werden soll mit **2xLMT** selektieren.

z.B. PASSIVE     **2xLMT**

\# Bibliothek PASSIVE-Gehäuseformen wird geladen.

ADD             **LMT**

Bauteil das benötigt wird mit **2xLMT** selektieren.

R-10            **LMT**

\# Das selektierte Bauteil hängt jetzt mit seinem Aufhängepunkt am Cursor.

**RMT**     \# Bauteilrotation

Mit **LMT** Bauteil an ausgewählter Position ablegen.

## Angabe des Bauteilnamens

NAME  **LMT**

Bauteil am Aufhängepunkt mit **LMT** selektieren.
Im erscheinenenden Namensfenster Name des Bauteils
angeben ( maximal 8 Zeichen).
R1  **LMT** oder **RET**
# Bauteil hat den Namen R1

## Angabe des Bauteilwertes

VALUE  **LMT**

Bauteil R1 mit **LMT** am Aufhängepunkt selektieren.
Im erscheinenden Wertfenster Bezeichnung des Bauteils
angeben.
( maximal 8 Zeichen)
10k  **LMT** oder **RET**
# Bauteil hat einen Wert von 10k

## Bauteil verschieben

MOVE  **LMT**
Bauteil am Aufhängepunkt mit **LMT** selektieren.
**RMT**  Bauteil rotieren.
Mit **LMT** Bauteil an neuer Position ablegen.

## Bauteil löschen

DELETE  **LMT**
Bauteil das gelöscht werden soll am Aufhängepunkt.mit **LMT**
selektieren.

**F9 F10 F9**  ( UNDO und REDO )

## Bauteil kopieren

Wird ein Bauteil mit gleichem Wert mehrmals benötigt, dann besteht die Möglichkeit dieses Bauteil zu kopieren.
COPY        **LMT**
Bauteil das kopiert werden soll mit **LMT** selektieren,
Bauteil an gewählter Position mit **LMT** ablegen.

**Aufgabe 4:**

Bauteile anhand des Schaltplanes und unter Einhaltung der Layoutkriterien plazieren.

## Gleichzeitiges Verschieben von mehreren Bauteilen

GROUP       **LMT**

Mit **LMT** Polygon um die Bauelemnte die verschoben werden sollen zeichnen.
Letzte Linie mit **RMT** abschließen.

MOVE        **LMT**
Mit **RMT** irgend ein Bauelement innerhalb des Polygons selektieren.
**RMT**        #   Bauteile rotieren
**LMT**        #   Bauteile ablegen.

## Namens und Wertfenster ändern

SMASH       **LMT**

Bauteil dessen Namens bzw. Wertfenster geändert werden soll, mit **LMT** selektieren.

# Damit die vorhandenen Befehle zur Bearbeitung der Fenster angewandt werden können, müssen die Fenster vom Bauteil gelöst werden.

# Fenster verschieben ( Wert - und Namensfenster )

Move            **LMT**

Fenster am Aufhängepunkt mit **LMT** selektieren.
Mit **RMT** Fenster rotieren.
Mit **LMT** Fenster an neuer Position ablegen.

# Fenstergröße verändern

CHANGE          **LMT**
SIZE            **LMT**    # Schriftgröße
z.B. 3.81 mit **LMT** selektieren
Fenster welches geändert werden soll mit **LMT** selektieren.

# Fenster löschen

Sind an Bauteilen Wert- und Namensfenster eingeblendet,
dann besteht die Möglichkeit wahlweise eines der Fenster
zu löschen.
DELETE          **LMT**
Fenster welches gelöscht werden soll mit **LMT** selektieren.

\# Werden beide Fenster gelöscht, dann erscheinen bei einem
   neuen Bildaufbau wieder beide Fenster.

# 5.11. Entwurf eines neuen Bauteils dargestellt am Beispiel TASTER

```
OPEN              RET
```

Im angezeigten Ausschnitt bestehende Bibliothek oder neue Bibliothek selektieren.

```
name: bibelxx    RET oder
OK               LMT
```
\# Im Unterverzeichnis EAGLE wird eine Bibliothek mit dem Namen BIBELxx.lbr angelegt ( maximal 8 Zeichen ).

```
EDIT             LMT
Pac
Leerfeld New:    LMT
Taster           RET
OK               LMT
```
( maximal 8 Zeichen )
\# Das Bauteil hat die Bezeichnung Taster

**Aufgabe:**
Raster auf mm umstellen

## Hinweise:
Sollen die neu entworfenen Gehäuseformen sich an den vorhandenen EAGLE - Bibliotheken orientieren dann sind folgende Bedingungen einzuhalten:

```
Origin in der Mitte
Pad Shape:     Octagon
Pad Diameter:  1.397mm    (55mil)
Pad Drill:     0.8128mm   (32mil)
Wire Width für Bestückungsplan- Symbol: 0.127mm   (5mil)
Text Size von >NAME und >VALUE:  1.27mm (50mil) ab
Baugröße DIL-20  1.778mm (70mil)
```

# Lötaugen plazieren

PAD             **LMT**

Mit **LMT** Lötaugen an den jeweiligen Positionen ablegen.

## Default-Werte der Lötaugen:

```
Diameter = 1.3970mm     # Außendurchmesser
Drill    = 0.8128mm     # Bohrdurchmesser
shape    = Square       # Lötaugenform = quadratisch
```

Die eingestellten Default-Werte können vor bzw. nach dem Plazieren geändert werden.
Mit Hilfe der Online-Programmierung kann der Außendurchmesser direkt über Zahleneingabe vor dem Plazieren verändert werden.

## Durchmesser einzelner Lötaugen nach dem plazieren verändern

```
CHANGE              LMT
DIAMETER            LMT
z.B. 2.1844 mit     LMT selektieren
```
Lötauge das geändert werden soll mit **LMT** selektieren

## Aufbabe 5:

Die Form einzelner Lötaugen ist zu verändern z.B. auf rund.
Wie lautet die Befehlssequenz?

.....................
.....................
.....................
.....................

**Aufgabe 6:**

Der Bohrungsdurchmesser einzelner Lötaugen ist zu verändern
auf ein Maß von 1.00mm.
Wie lautet die Befehlssequenz?

......................
......................
......................
......................

**Aufgabe 7:**

Die Form aller Lötaugen des Tasters sind gleichzeitig auf
quadratische Darstellung umzustellen.
Wie lautet die Befehlssequenz?

......................
......................
......................
......................

## Lötaugen benamen

NAME            **LMT**

Mit **LMT** Lötaugen selektieren und entsprechend der Bauteilbezeichnug die einzelnen Lötaugennamen angeben.

## Bestückungssymbol einzeichnen

### Zeichnen von Geraden

| | |
|---|---|
| WIRE | **LMT** |
| 0.127 | **LMT** |
| | **MMT** |
| tPLACE | **LMT** |

Anfangspunkt mit **LMT** selektieren
Mit der **RMT** können Knickpunkte und verschiedene Winkel eingestellt werden.
Ablegen der Linie durch 2 x **LMT**

### Zeichnen von Kreisen

CIRCLE **LMT**
Mit **LMT** Kreismittelpunkt selektieren.
Durch verfahren des Mauscursors Durchmesser einstellen
und mit **LMT** Kreis ablegen.

### Zeichnen von Kreisbögen

ARC **LMT**
Anfangspunkt des Kreisbogens mit **LMT** selektieren.
Durch Verfahren des Mauscursors Kreisbogengröße einstellen
und mit **LMT** selektieren.
Mit **RMT** Kreisbogenrichtung einstellen.
Mit **LMT** Kreibogen ablegen.

### Bestückungssymbol in Anlehnung der Originalgröße kreieren.

## Namensfenster für den Baustein erstellen

TEXT **LMT**
          **MMT**
tNAMES **LMT**
>NAME eintippen **RET**

Das Namensfenster hängt jetzt am Cursor und kann durch
betätigen der **RMT** gedreht bzw. durch betätigen der **LMT**
an entsprechender Position abgelegt werden.

**F9 F10 MOVE DELETE** ( selektierbare Befehle )

### Schriftgröße des Namensfensters verändern

CHANGE **LMT**
SIZE **LMT**
z.B. 3.8100 mit **LMT** selektieren
Mit **LMT** Aufhängepunkt des Namensfensters selektieren.
\# Die Schriftgröße wird auf 3,81mm geändert.

## Wertfenster für den Baustein erstellen

Soll später im Bestückungsplan auch der Wert des Bauteils erscheinen, dann muß zusätzlich ein Wertfenster definiert werden.

### Aufgabe 8:
Erstelle ein Wertfenster für den Taster mit einer Schriftgröße von 1.778mm.
Die Bezeichnung >NAME muß für das Wertfenster durch die Bezeichnung >VALUE ersetzt werden.
Das Wertfenster muß im tVALUE-Layer definiert werden.

### Wie lautet die Befehlssequenz:
........................
........................
........................
........................
........................

Mit GROUP Package verschieben, daß der Origin in der Mitte ist.

## Bauteil abspeichern: WRITE    RET  oder

                        Ok    LMT

## Bibliothek verlassen: Umschaltung mit ALT+1(2..) oder
## Bibliothek schließen:   2 x LMT auf System Button

### Aufgabe 9:
Der Lötstützpunkt, die Siebensegmentanzeige und der Elektrolytkondensator sind als Gehäuseform in der Bibliothek zu erstellen.
Der Außendurchmesser des Lötstützpunktes (PAD) soll 2,54mm betragen

### Aufgabe 10:
Die neu entworfenen Bauteile sind zu plazieren, evtl. vorgenommene Plazierung nacharbeiten.

## 5.12. Bauteilverbindungen verlegen

### 1. Möglichkeit:
Eingabe mit Maus und der Zuordnung eines Namens vor dem verlegen der Luftlinien.

SIGNAL **LMT**
z.B. GND **RET**

zu verbindende Pads mit der Maus selektieren, letzten Pad zweimal anklicken.

# Im Unrouted - Layer wird diese Signalverbindung als Luftlinie mit dem Namen GND abgelegt.

### 2. Möglichkeit:
Eingabe mit Maus und der Zuordnung eines Namens nach dem verlegen der Luftlinien.

SIGNAL **LMT**
zu verbindende Pads mit Maus selektieren letzten Pad zweimal anklicken.
NAME **LMT**
Luftlinie die einen bestimmten Namen z.B. VCC erhalten soll mit **LMT** selektieren.
Name:    VCC    **OK LMT** oder **RET**

# Der Luftlinie wird der Name VCC zugeordnet.

### 3. Möglichkeit:
Eingabe der Luflinien über Text ( Beispiel Takt-Leitung ).
Signal*Takt*IC1*3*IC2*10;    **RET**
# Luftlinie mit dem Namen Takt stellt die Verbindung von IC1 pin2 zu IC2 pin10 her.

### Aufgabe 11:
Alle restlichen Verbindungen der Schaltung eingeben.

### SHOW - Befehl erläutern

## 5.13. Bauteilplazierung optimieren

Nachdem sämtliche Bauteile miteinander verbunden sind, ist mit dem Befehl **RATSNEST** eine Neuberechnung der kürzesten Luftlinienverläufe durchzuführen.

MOVE          **LMT**

Bauteile die kurz vor ihren Anschlüssen einen Knotenpunkt in der Luftlinienverbindung besitzen mit **LMT** selektieren. Bauteil mit **RMT** drehen und evtl. an neuer Position mit LMT ablegen.

**Nachdem die Plazierungsoptimierung abgeschlossen ist, muß erneut der RATSNEST - Befehl durchgeführt werden.**

## 5.14. Sperrflächen für Leiterbahnen festlegen

Dürfen in bestimmten Bereichen einer Leiterplatte keine Leiterbahnen verlaufen bzw. Durchkontaktierungen plaziert werden, dann besteht die Möglichkeit diese Bereiche für den Autorouter zu sperren bzw. für das manuelle Entflechten die Bereiche definiert anzuzeigen.
Folgende Layer stehen zum Anlegen von Sperrflächen zur Verfügung:

**tRESTRICT**          # Sperrbereich für Leiterbahnverlauf Bestückungsseite

**bRESTRICT**          # Sperrbereich für Leiterbahnverlauf Lötseite

**vRESTRICT**          # Sperrbereich für Durchkontaktierungen

## Aufgabe 12:

Der Randbereich der Zählerplatine ist mit einer Breite von
5 mm auf der Löt-und der Bestückungsseite für
Leiterbahnen zu sperren.

Befehlssequenz für Sperrbereich Leiterbahnen Lötseite:
RECT              **LMT**
                     **MMT**
bRESTRICT         **LMT**
1. Eckpunkt mit   **LMT** selektieren
Sperrbereich durch verschieben der Maus einstellen und mit
**LMT** Bereichseinstellung abschließen.

Befehlssequenz für Sperrbereich Leiterbahnen Bestückungsseite:
....................
....................
....................
....................
....................


Darf unter integrierten Bausteinen keine Durchkontaktierung
sitzen, ist hierzu eine Sperrfläche im vRESTRICT-Layer
anzulegen.

Dürfen weiterhin die Anschlußbeinchen von integrierten
Bausteinen nur von der Lötseite mit Leiterbahnen angefahren
werden, ist hierzu eine Sperrfläche im tRESTRICT-Layer
anzulegen.

## Aufgabe 13:

Aus herstellungstechnischen Gründen sollen alle integrierten
Bauteile, die beiden Digitaster und der Folienkondensator nur
von der Lötseite mit Leiterbahnen angefahren werden.
Durchkontaktierungen sind unter diesen Bauteilen keine erlaubt.
Definiere hierzu die entsprechenden Sperrflächen.

## 5.15. Layout entflechten

### 1. Entflechtung manuell

Beim manuellen Entflechten von Leiterplatten werden die angelegten Sperrflächen optisch angezeigt, die Leiterbahnen können jedoch auch über Sperrflächen geführt werden ohne daß eine entsprechende Fehlermeldung gegeben wird.

**Fensterausschnitt selektieren**

### Leiterbahnverlegung mit Hilfe von AIRLINES

ROUTE **LMT**

Signal das geroutet werden soll mit **LMT** selektieren.
Muß der aktivierte Layer gewechselt werden, dann ist die **MMT** zu betätigen.

\# Wurde beim Systemstart mit set used_layer die Innenlagen Route2 - Route15 gesperrt, dann wird beim Route-Befehl durch Betätigen der MMT direkt zwischen TOP und BOTTOM-Layer umgeschaltet.

Soll die eingestellte Leiterbahnbreite verändert werden, so kann die neue Breite direkt mit einer Zahleneingabe die zwischen 0 und 13.107 (Maßeinheit mm) liegen kann eingegeben werden.

Mit **RMT** Leiterbahnwinkel verändern und mit **LMT** Leiterbahn ablegen.

Soll die 1mm breite Leiterbahn zwischen den Anschlußbeinchen von integrierten Bausteinen verlegt werden, dann ist die Leiterbahn an dieser Stelle zu verjüngen.

ROUTE **LMT**
Leiterbahn vor dem Bauteil mit **LMT** absetzen.
.4 eintippen **RET**
Leiterbahn zwischen den Anschlußbeinchen verlegen und mit **LMT** absetzen, ursprüngliche Leiterbahnbreite eingeben und mit **RET** bestätigen.

## Leiterbahnseite wechseln

Muß die Leiterbahnseite während des Verlegens eines Signals gewechselt werden, so ist hierzu nur die **MMT** zu betätigen. Selbstverständlich wird beim Wechseln der Leiterbahnseite automatisch eine Durchkontaktierung erzeugt.

Die so erzeugten Durchkontaktierungen haben einen Außendurchmesser von 1.016mm einen Bohrdurchmesser von 0.6096mm und eine quadratische Form.

Diese Werte sind als Default-Einstellung in EAGLE festgelegt.

Die erzeugten Durchkontaktierungen sollen jedoch einen Außendurchmesser von 1.4mm einen Bohrdurchmesser von 0.8mm haben, des weiteren soll die Form zur Unterscheidung von normalen Lötaugen quadratisch bleiben.

## Die Befehlssequenz hierzu lautet:

| | |
|---|---|
| CHANGE | **LMT** |
| DIAMETER | **LMT** |
| 1.4224 | **LMT** |
| CHANGE | **LMT** |
| DRILL | **LMT** |
| 0.8128 | **LMT** |

Wird mit der **LMT** eine bereits vorhandene Durchkontaktierung selektiert, dann wird sie auf die neue Einstellung geändert. Wird mit dem ROUTE-Befehl weiter gearbeitet, dann werden beim Generieren einer Durchkontaktierung die neuen definierten Werte benutzt.

## Leiterbahn Löschen

DELETE **LMT**
Leiterbahn die gelöscht werden soll mit **LMT** selektieren.
\# Leiterbahn wird in Luftlinie umgewandelt.
Mit **LMT** Luftlinie selektieren.

## Leiterbahn verschieben

MOVE **LMT**
Leiterbahn die verschoben werden soll mit **LMT** selektieren.
Leiterbahnverlauf durch Verfahren der Maus verändern und
neuen Verlauf mit **LMT** bestätigen.

## Leiterbahnbreite verändern

CHANGE **LMT**
WIDTH **LMT**
2.540 **LMT**
Leiterbahn die eine Breite von 2,54mm erhalten soll mit
**LMT** selektieren.

## Knickwinkel einfügen

SPLIT **LMT**
Leiterbahnstelle die abgewinkelt werden soll mit **LMT** selektieren.
Durch Verfahren der Maus Knickbereich festlegen.
Mit **RMT** Knickwinkel verändern mit **LMT** neuen Verlauf ablegen.

Erfolgen nach Aufruf des SPLIT-Befehl zwei Mausklicks auf denselben
Punkt eines Wires, dann wird dadurch der OPTIMIZE-Befehl
ausgeschaltet und die entstehenden Segmente werden nicht zusammengefaßt. Hierdurch ist ein Verjüngen einer Leiterbahn möglich.
SPLIT **LMT**
**2x LMT** auf Anfang der Verjüngung
**2x LMT** auf Ende der Verjüngung
CH WI .5 **RET** (CHANGE WIDTH 0.5mm)
Mit **LMT** markierte Verjüngung selektieren

## Funktionstastenbelegung !! F9!! F10!!

# Leiterbahnverlegung ohne AIRLINES

Leiterbahnen können auch ohne das Verlegen von Airlines definiert werden.
Die Vorgehensweise hierzu, dargestellt am Beispiel einer Leiterbahn, die auf der Lötseite mit einer Breite von 0.8mm verlegt werden soll.

WIRE **LMT**
Anfangspunkt der Leiterbahn mit **LMT** selektieren.
0.8 **LMT**
evtl. Layer wechseln
Mit 2 x **LMT** Leiterbahn ablegen.
Muß die Leiterbahnseite gewechselt werden dann **MMT** betätigen.
Hier wird beim Wechseln der Leiterbahnseite keine Durchkontaktierung erzeugt, sie muß zusätzlich plaziert werden.
VIA **LMT**
VIA an entsprechender Position mit **LMT** ablegen.
Connect mit yes bestätigen.

# Umwandlung von Leiterbahnen in Luftlinien

### Umwandlung von bestimmten Leiterbahnen in Luftlinien

RIPUP **RET**
Leiterbahn die in eine Luftlinie umgewandelt werden soll mit **LMT** selektieren,
oder
RIPUP*GND; **RET**
# Leiterbahn mit dem Namen GND wird in Luftlinie umgesetzt,
oder
RIPUP*!*GND*VCC; **RET**
# Hiermit werden alle auser den namentlich genannten
   Leiterbahnen in Luftlinien umgesetzt.

### Umwandlung aller Leiterbahnen auf einer Platine in Luftlinien

RIPUP **LMT**
; **LMT**
Ripup all Signals? yes **LMT**

### Aufgabe 14:
Die Leiterplatte ist vollständig manuell zu entflechten.
Die Leiterbahnbreite der Versorgungsspannung soll 1mm betragen.
Alle restlichen Leiterbahnen können mit 0.8mm bzw. bei Verjüngungen mit 0.4mm verlegt werden. Der Isolationsabstand von 0.35mm ist zu allen Potentialen einzuhalten.

## 2. Entflechtung automatisch ( Autorouter )

**Autorouterspezifikationen:**

- Beliebiges Routing-Raster (minimal 4mil)

- Beliebiges Plazierungsraster (minimal 1mil)

- SMD-Bauelemante auf beiden Seiten werden geroutet

- Routing-Fläche kann die gesamte Zeichenfläche sein
  (vorausgesetzt, es ist genügend Speicher vorhanden)

- Wahl der Strategie durch Steuerparameter

- Multilayerfähig (bis zu 16 Signallagen)

- Vorzugsrichtung für jeden Layer getrennt einstellbar

- Ripup und Retry für 100%-Entflechtungs-Strategie

- Optimierungsläufe zur Minimierung der Vias und Glättung
  der Leiterbahnverläufe

- Vorverlegte Leiterbahnen werden nicht geändert

Der EAGLE-Autorouter ist ein sogenannter 100%-Router.
Dieser Begriff besagt, daß Platinen die theoretisch entflochten
werden können, vom Autorouter zu 100% entflochten werden,
vorausgesetzt, und das ist eine entscheidende Einschränkung der
Autorouter hat unendlich viel Zeit.
Der EAGLE-Autorouter arbeitet nach dem Ripup/Retry-Verfahren.
Das bedeutet: Sobald er eine Leitung nicht mehr verlegen kann,
nimmt er schon velegte Leitungen wieder weg (Ripup) und versucht
es erneut (Retry).
Die perfekte Platine ist allein mit dem Autorouter nicht so ohne
weiteres zu realisieren, der Layouter muß sein Know-How das er
besitzt, konstruktiv mit benutzen. Erst dann ist der Autorouter
eine wirkliche Hilfe.

## Steuerung des Autorouters

Der Autorouter wird über eine Reihe von Parametern gesteuert, die in der Datei DEFAULT.CTL bzw. boardname.CTL festgelegt werden. Mit dem Befehl AUTO **RET** wird in den Autorouter-Modus umgeschaltet. Hierbei sucht EAGLE zunächst nach der Steuerungs-Datei der geladenen Platine (boardname.CTL), ist keine solche Datei vorhanden, sucht das Programm nach Default.CTL.
Ist auch diese Steuerungs-Datei nicht vorhanden, werden die Default-Einstellungen verwendet.
Ist eine Datei.CTL geladen dann erscheint ein Autorouter Setup-Menü indem die entsprechenden Steuerparameter geladen sind.

# Erläuterungen SETUP-MENÜ

### MENÜ LAYER

**Spalte 1**   #   Layernummer

**Spalte 2**   #   Layername

**Spalte 3**   #   Angabe der Vorzugsrichtung bzw. Layeraktivierung
0 = Layer nicht aktiv
: = Vorzugsrichtung der Leiterbahn vertikal
- = Vorzugsrichtung der Leiterbahn horizontal
/ = Vorzugsrichtung der Leiterbahn 45°
\ = Vorzugsrichtung der Leiterbahn 135°
* = Keine Vorzugsrichtung
Die Vorzugsrichtung stellt man im allgemeinen so ein, daß sie auf den beiden Außenseiten der Platine um 90° versetzt sind.
Bei einseitigen Leiterplatten arbeitet man am Besten ohne Vorzugsrichtung mit dem aktivierten BOTTOM-LAYER.

Beim Vorverlegen von Leiterbahnen sind die Vorzugsrichtungen zu beachten.

**Spalte 4**   #   Angabe über Zahlenwerte 0-99 welche Layer
bevorzugt zum Legen von Leiterbahnen benutzt
werden sollen.
0 = hohe Priorität
99 = niedrige Priorität
Damit kann man bei zweiseitigen Leiterplatten
bzw. bei Multilayern bevorzugte Ebenen bestimmen.

# MENÜ COSTS

In diesem Menü können sogenannte Kostenfaktoren die mit
Zahlenwerten die zwischen 0 und 100 liegen angegeben werden.
Die eingestellten Kostenfaktoren wurden von der
Herstellerfirma für EAGLE optimiert.
Die Parameter sollten daher nicht verändert werden.
Lediglich der VIA-Kostenfaktor kann in bestimmten Fällen
eine Verbesserung des Routingergebnisses bewirken.

VIA   #   Steuert die Verwendung von Durchkontaktierungen.
Ein niedriger Wert führt zu vielen Durchkontaktierungen, erlaubt aber andererseits die
weitestgehende Einhaltung der Vorzugsrichtungen.
Ein hoher Wert bewirkt nach Möglichkeit eine Ver-
meidung von Durchkontaktierungen.
Empfehlung: niedriger Wert beim Routing-Durchgang
hoher Wert beim Optimieren.

Auf die Befehlsinterpretation der anderen Kostenfaktoren wird
hier verzichtet (siehe Handbuch Kapitel 8).

# MENÜ MAXIMUM

Auch die hier aufgelisteten Steuerparameter sind so
eingestellt, daß sie nach Angabe der Herstellerfirma die
besten Ergebnisse liefern.
Die Veränderung dieser Steuerparameter kann jedoch bei sehr
schnellen Rechnern eine Verbesserung des Routing-Prozesses
bewirken.

## Parameterbedeutung MENÜ MAXIMUM

|  |  | Maximale Anzahl von.... |
|---|---|---|
| VIAS | # | Vias pro Leiterbahnzug |
| SEGMENTS | # | Wire-Stücken pro Leiterbahnzug |
| EXTDSTEPS | # | Schritte 45° gegen Vorzugsrichtung |
| RIPUPLEVEL | # | herausnehmbaren LB-Zügen pro nicht verlegbare Verbindung |
| RIPUPSTEPS | # | Ripup-Sequenzen für eine nicht verlegbare Leitung |
| RIPUPTOTAL | # | insgesamt gleichzeitig herausgenommenen Leiterbahnzügen |

## MENÜ MINIMUM DISTANCE

In diesem Menü können Mindestabstände eingestellt werden, die der Autorouter einhalten muß.

|  |  | Mindestabstände zwischen vom Autorouter verlegten Leiterbahnen und... |
|---|---|---|
| WIRE WIRE | # | Leiterbahnen |
| WIRE PAD | # | PADS |
| WIRE VIA | # | Durchkontaktierungen |
| WIRE DIM | # | Platinenrand |
| WIRE RESTR | # | Sperrflächen |

|  |  | Mindestabstände zwischen vom Autorouter verlegten Vias und... |
|---|---|---|
| VIA PAD | # | Pads |
| VIA VIA | # | Durchkontaktierungen |
| VIA DIM | # | Platinenrand |
| VIA RESTR | # | Sperrflächen |

## MENÜ TRACK

In Abhängigkeit von der Komplexität der Leiterplatte und den zur Verfügung stehenden Fertigungsmöglichkeiten sind die Track-Parameter einzustellen.

| | | |
|---|---|---|
| GRID | # | Arbeitsraster des Autorouters |
| WIRE WIDTH | # | Leiterbahnbreite des Autorouters |
| VIA DIAMETER | # | Durchmesser der Vias |
| VIA DRILL | # | Bohrdurchmesser der Vias |
| VIA SHAPE | # | Form der Vias |

## MENÜ PASS

Im PASS-Menü kann man durch selektieren mit der LMT die Parameter der Einträge BUSSES, ROUTE, OPTIMIZE1-3 aktivieren. Die Parameter des Eintrages der markiert ist können nun verändert werden.
Der Haken hinter den Einträgen bedeutet, daß beim Autorouting der entsprechende Durchgang ausgeführt wird. Der Durchlauf Busses sollte nur dann durchgeführt werden, wenn auch tatsächlich eine BUS-Struktur vorhanden ist. Eine Veränderung der Routingdurchläufe ist jedoch nur möglich, wenn die **Check Box** Continue existing Job ausgeschaltet ist.

## MENÜ CANCEL

Der Menüpunkt CANCEL hebt alle Änderungen die im Autorouter-Setup durchgeführt wurden wieder auf.

## MENÜ START

Mit dem Menüpunkt START wird das Autorouten aller Airlines gestartet.

## MENÜ SELECT

Mit dem Menüpunkt SELECT kann das Autorouten von einzelnen Airlines gestartet werden.

Mit der **Chek Box** "Continue existing job" entscheidet man, ob
an einem bereits bestehendem Job weitergearbeitet werden soll.

## MENÜ CREATE JOB / END JOB
Hiermit können die eingestellten Parameter abgespeichert werden
oder der Autorouter-Job beendet werden.

# AUTOROUTER - Spezifikationen

**Bei der Veränderung der Track und Minimum Distance-Parameter
sind folgende Bedingungen einzuhalten:**

```
Track-Par. Via Diameter + 2x Minimum Dist. Wire Via >
Track-Par. Wire Width   + 2x Minimum Dist. Wire Wire
---------------------------------------------------------
Track-Par. Via Diameter + 2x Minimum Dist. Via Via >
Track-Par. Wire Width   + 2x Minimum Dist. Wire Via
---------------------------------------------------------
Track-Par. Via Diameter + 2x Minimum Dist. Via Pad >
Track-Par. Wire Width   + 2x Minimum Dist. Wire Pad
```

# AUTOROUTEN von einzelnen Airlines (z.B. VCC und GND)

Ausgangsposition:  **Airline - Modus**

AUTO                **RET**
Autorouter-Setup    konfigurieren (siehe Aufgabe 14)
SELECT              **LMT**
Airline welche geroutet werden soll mit **LMT** selektieren,
anschließend ; mit **LMT** selektieren.

## Autorouten der gesamten Platine

```
Ausgangsposition:     Airline - Modus
AUTO                  LMT
Autorouter-Setup      konfigurieren (siehe Aufgabe 14)
START                 LMT
```

**Mit STRG+PAUSE kann der Autorouter unterbrochen werden!**

Während des Routens gibt der Autorouter über das gegenwärtige
Routing-Ergebnis Hinweise.
Die angezeigten Werte haben folgende Bedeutung:
Routing: Auflösung in % (bisheriges Maximum)
Vias:    Zahl der Vias
Conn:    Verbindungen gesamt/gefunden/nicht verlegbar
Ripup:   Zahl der Ripups/akt. RipupLevel/akt. RipupTotal
Signal:  Signals gesamt/Sig. bearbeitet/Sig. vorbereitet

## Layout - Nachbearbeitung

Der Autorouter verlegt bei zweiseitigen Leiterplatten
normalerweise Leiterbahnen auf der Löt - und der Bestückungsebene.
Zur besseren Entflechtung arbeitet er mit Vorzugsrichtungen.
Das heißt Leiterbahnen auf der Lötseite legt er um 90°
gedreht gegenüber Leiterbahnen auf der Bestückungsseite.
(siehe Autorouter-Setup).
Aus diesem Grund erzeugt der Autorouter eine Vielzahl von
Durchkontaktierungen, die durch Umsetzen von Leiterbahnen
auf die andere Seite reduziert werden können.

**Befehlssequenz dargestellt am Beispiel einer Leiterbahn die
von der Bestückungsseite auf die Lötseite umgelegt wird:**
```
CHANGE            LMT
LAYER             LMT
BOTTOM            LMT
```
Mit **LMT** gewünschte Leiterbahn auf dem TOP-Layer selektieren.

### Nachbearbeitungsbefehle:

**MOVE    SPLIT    CHANGE    DELETE    WIDTH    DIAMETER    F9    F10**

### Aufgabe 15:

Die mit dem Autorouter entflochtene Leiterplatte ist nachzu-
arbeiten, wobei alle überflüssigen Durchkontaktierungen zu
entfernen sind.
Funktionstastenbelegung ausnutzen!!

# 5.16. Kennzeichnung des Layouts

Damit bei der Fertigung eine einwandfreie Zuordnug des Layouts zur Löt - bzw. Bestückungsseite vorgenommen werden kann, sind entsprechende Bezeichnungen auf dem Layout zu vermerken.

Des weiteren ist die Leiterplattenbezeichnung auf dem Layout zu kennzeichnen.

## Kennzeichnung Lötseite

| | |
|---|---|
| TEXT | **LMT** |
| | **MMT** |
| BOTTOM | **LMT** |
| Lötseite eintippen | **RET** |

Textfenster mit **RMT** drehen und an einem freien Platz auf dem BOTTOM-Layer mit **LMT** ablegen.

\# Die Kennzeichnung erscheint fertigungsrichtig spiegelschriftlich im BOTTOM - Layer.

## Kennzeichnung Bestückungsseite

| | |
|---|---|
| TEXT | **LMT** |
| | **MMT** |
| TOP | **LMT** |
| Bestückseite eintippen | **RET** oder **LMT** |

Textfenster mit **RMT** drehen und an einem freien Platz auf dem TOP-Layer mit **LMT** ablegen.

\# Der Text Bestückseite erscheint im TOP-Layer.

Aus Platzgründen kann die Bezeichnung Lötseite auch durch **LS** und die Bezeichnung Bestückseite durch **BS** ersetzt werden.

## Ändern der Schriftgröße durch CHANGE SIZE

## Ändern der Schriftdicke durch CHANGE RATIO
(Angabe mit den Zahlenwerten 0-31 = in % der Schrifthöhe)

## AUFGABE 16:

**1.** Die Leiterplattenbezeichnung bestehend aus:
Funktion der Leiterplatte + Werkstücknummer ist auf der
Lötseite im Layout (Bottom-Layer) zu kennzeichnen. **(Zählerxx)**
Die Schriftgröße soll 2,54mm betragen.
Der Name + Klassenbezeichnung ist auf der Bestückseite
im Layout (Top-Layer), sowie auf dem tplace-Layer
zu kennzeichnen. **(BFEm92 ANTON)**
Die Schriftgröße soll 3mm betragen.


**2.** Auf der Leiterplatte sollen nach dem Ätzen auf der
Bestückungsseite an den entsprechenden Lötstützpunkten
die Bezeichnungen **+5V** und **GND** mit einer Schriftgröße von
3,81mm erscheinen.
Zusätzliche Kennzeichnungen sind erlaubt.


## ACHTUNG!!

Ist der Text - Befehl aktiv und enthält der einzugebende Text
Wörter, die EAGLE für Befehle hält, dann ist der Text in
Hochkommas einzuschließen.

Des weiteren besteht mit dem Befehl CHANGE TEXT die Möglichkeit
einen bestehenden Text gegen einen neuen Text mit gleicher
Size und gleichem Ratio auszutauschen.

# 5.17 Freiflächendefinition

## POLYGON

Mit dem POLYGON-Befehl besteht die Möglichkeit Polygon-
Flächen zu definieren.
Werden diese Polygon-Flächen in den Layern 1-16 definiert, dann
werden sie wie Signale behandelt, in den Layern T/B/V Restrict
sind sie Sperrflächen für dem Autorouter.

### Beispiel: Massefläche definieren im Bottom-Layer

Ausgangsposition: Bereits fertig entflochtene Leiterplatte

RIPUP*GND;         **RET**    # GND-Signal wird in Luftlinie gewandelt
DISPLAY            **LMT**
Die Layer TOP, BOTTOM, PADS, VIAS, DIMENSION, UNROUTED,
und BRESRICT auswählen.
POLYGON*GND        **RET**    # Polygonname=GND
**MMT**
BOTTOM-Layer auswählen
Mit **LMT** Außenumrandung der Massefläche definieren.
**RMT**                       # Knickwinkel verändern
**2xLMT**                     # Polygon schließen

## Polygon Bearbeiten

MOVE               **LMT**
Polygonkante die verschoben werden soll, mit **LMT** selektieren.
Mit **LMT** Polygonkante an neuer Position ablegen.

SPLIT              **LMT**    # Knickwinkel einfügen, gleiche
                                vorgehensweise wie beim Bearbeiten von
                                Wires.

DELETE             **LMT**
Mit **LMT** Polygonkante die gelöscht werden soll, selektieren.
# bleiben weniger als 3 Ecken übrig, wird das Polygon gelöscht.

COPY               **LMT**    # Hierdurch wird das ganze Polygon kopiert.

NAME               **LMT**    # Hiermit kann der Name des Polygons
                                geändert werden.

| CHANGE | **LMT** | |
|---|---|---|
| LAYER | **LMT** | # Hiermit kann beim selektieren einer Polygonkante das gesamte Polygon in einen anderen Layer umgesetzt werden. |

Ist die Polygonumrandung fertig definiert, dann muß der RATSNEST-Befehl ausgeführt werden, damit die Fläche mit den voreingestellten Polygon-Parametern berechnet werden kann.

### Hinweis:
Wird mit einem der bis jetzt benannten Befehle das Polygon nochmals bearbeitet, dann muß erneut der RATSNEST- Befehl ausgeführt werden.

## POLYGON-Berechnungs-PARAMETER verändern

Das Verändern der voreingestellten Parameter geschieht mit dem CHANGE-Befehl.

### Linienbreite verändern
CHANGE **LMT**
WIDTH **LMT**
Neue Linienbreite mit **LMT** selektieren und anschließend mit **LMT** Polygonkante selektieren.
# Die eingestellte Linienbreite wird auch zum Ausfüllen des Polygons verwendet.

### Füllmodus verändern
CHANGE **LMT**
POUR **LMT**
Füllmodus mit **LMT** festlegen
# SOLID (gefüllt) oder HATCH (schraffiert)
Polygonkante mit **LMT** selektieren.

### Abstand der Füll-Linien bei Pour-Hatch verändern
CHANGE **LMT**
SPACING **LMT**
Neuen Abstand mit **LMT** auswählen
Mit **LMT** Polygonkante selektieren

## Isolationsabstand zu potentialfremden Kupfer verändern

CHANGE                 **LMT**
ISOLATE             **LMT**
Neuen Isolationsabstand eingeben
Mit **LMT** Polygonkante selektieren

## Anschlußart der Lötaugen zur Polygonfläche verändern

CHANGE                 **LMT**
THERMALS          **LMT**
Auswahl zwischen **OFF** und **ON** festlegen
Mit **LMT** Polygonkante selektieren

\# OFF --> Die Lötaugen werden vollflächig mit der Polygonfläche verbunden

\# ON --> Die Lötaugen werden durch Stege mit der Polygonfläche verbunden
Die Breite der Stege ergeben sich aus folgenden Parametern:
- bei Pads   = halber Bohrdurchmesser des Pads
- bei SMDS   = Hälfte der kleinen Kante
- mindestens = Linienbreite des Polygons
- maximal    = 2 x Linienbreite des Polygons

## Freistellmodus verändern

Beim Freistellen von Polygonen kann es passieren, daß das ursprüngliche Polygon in mehrere Teile zerfällt. Falls sich in einem solchen Teil kein Pad, Via, Smd, oder Wire eines Signals befindet, entsteht eine Insel ohne elektrische Verbindung zum zugehörigen Signal.
Sollen solche Inseln erhalten bleiben, dann ist der Parameter ORPHANS auf On zu setzen.
Bei ORPHANS Off werden diese Inseln eliminiert.


## Aufgabe 17:

Für die manuell entflochtene Zählerlatine ist eine Massefläche zu erzeugen, die folgende Bedingungen beinhaltet.
Massefläche --> Bottom-Layer --> Füllmodus ausgefüllt -->
               Linienbreite 0,35mm --> Isolationsabstand 0.8mm -->
               Lötaugenanschluß ausgefüllt.
Die Massefläche soll die gesamte Leiterplatte umfassen.

# 6. Sonderbefehle

## CUT

Mit diesem Befehl lassen sich einzelne Teile einer Platine
bzw. auch die ganze Platine in einen Speicher übergeben,
um sie auf einer anderen Platine oder der gleichen Platine
nochmals zu übernehmen.
Mit dem Befehl DISPLAY kann eine Auswahl derjenigen
Layer getroffen werden, welche gespeichert werden sollen.

GROUP                    **LMT**
Polygon zeichnen
CUT;                     **RET**

\# Die mit dem Polygon gekennzeichnete Gruppe ist in einem
  temporären Speicher abgelegt.
  Mit CUT; befindet sich der Cursor in der Mitte der
  definierten Gruppe.
  Soll sich der Cursor an einer anderen Position befinden
  dann darf nur der Befehl CUT mit RET angegeben werden,
  der Cursor-Aufhängepunkt muß dann mit der LMT an der
  entsprechenden Position selektiert werden.

Mit dem Befehl PASTE kann der Inhalt des temporären Speichers
aufgerufen werden.

PASTE                    **RET**
Mit **RMT** Gruppe drehen.
Mit **LMT** Gruppe ablegen.

## DELETE

Der Delete Befehl dient zum Löschen von Elementem, von
Junktion-Punkten und von Signalen.
Mit dem Befehl DELETE*SIGNALS; **RET** können alle Leiterbahn-
verbindungen einer Platine entfernt werden.
Damit hat man dann die Möglichkeit z.B. eine neue Netzliste
einzulesen.

## HELP

Der Help Befehl ruft ein Help-Fenster mit Hinweisen zum Programm auf, bzw. wird bei Angabe eines Befehls die Beschreibung dieses Befehls auflisten.

## INFO

Der Info Befehl gibt zu einem Objekt umfassende Informationen.

## MARK

Mit dem Befehl MARK kann ein neuer Maßstabs-Nullpunkt eingeblendet werden, wobei der Bezugspunkt frei gewählt werden kann.

MARK             **RET**
Mit **LMT** neuen Maßstabs-Nullpunkt festlegen.
Mit MARK;        **RET** wird auf den vom System vorhandenen Maßstabs-
                 Nullpunkt umgeschaltet.

## MENU

Mit dem Befehl MENU kann man das Befehls-Menü nach eigenen Wünschen ändern.

### Beispiel:

MENU*move*delete*Route*';'*edit;        **RET**

Hierbei wird ein Menü erzeugt, das die Befehle MOVE, DELETE, ROUTE und den Strichpunkt als Befehlsabschlußzeichen enthält. Der Befehl MENU; **RET** stellt wieder das Standard-Menü ein.

Insgesamt sind maximal 33 Menüpunkte möglich.

## MIRROR

Mit dem MIRROR Befehl können Objekte an der Y-Achse gespiegelt und damit z.B. auf der Lötseite der Platine plaziert werden.

# REMOVE

Löschen von Dateien, Devices, Symbolen, Packages und Sheets.

Der REMOVE-Befehl löscht im Platinen-Modus die mit Name
angegebene Datei.
Im Bibliothek-Modus löscht er aus der aktiven Bibliothek
das unter dem Namen gespeicherte Device, Symbol oder Package.
Es ist darauf zu achten, daß der entsprechende Modus aktiv
ist.

### 1. Beispiel: Löschen einer Platine

```
Ausgangsposition EAGLE Hauptmenü
REMOVE                  RET oder LMT
Zahl.brd                RET
yes                     LMT
```

### 2. Beispiel: Löschen einer Gehäuseform

```
Ausgangsposition EAGLE Hauptmenü
OPEN                    RET
BIBEL                   2xLMT
EDIT                    LMT
Package                 LMT
TASTER                  2xLMT
REMOVE                  RET
Taster                  RET
Yes                     LMT
WRITE                   LMT
CLOSE                   LMT
```

**Symbole und Gehäuseformen lassen sich nur löschen, wenn
sie in keinem Device verwendet wurden.**

## 3. Beispiel: Löschen einer Bibliothek

```
Ausgangsposition EAGLE Hauptmenü
REMOVE                   RET
40xx.lbr                 RET
```

## RENAME

Symbole, Devices oder Packages in einer Bibliothek umbenennen.

Mit RENAME kann der Name eines Symbols, Device oder Package geändert werden. Die Bibliothek muß vorher mit OPEN geöffnet worden sein.
Ist ein Symbol, Device oder Package zum Editieren geladen, wirkt der Befehl auf den entsprechenden Typ.

## Deshalb folgender Typ:

Soll ein bestehendes Package einen anderen Namen erhalten, vorher im Bibliothek-Modus ein beliebiges Package laden.

## Beispiel:

```
Ausgangsposition EAGLE Hauptmenü
OPEN                     LMT
Passive                  2xLMT
EDIT                     LMT
Package                  LMT
E-25                     2xLMT
RENAME                   RET
R-5*RES02                RET
WRITE                    LMT
CLOSE                    LMT
```

## Aufgabe 18:

Zuerst im Platinen-Modus überprüfen, ob die Umbenennung durchgeführt wurde, danach ist dem Bauteil sein ursprünglicher Name zurückzugeben.

# REPLACE

Element in Platine austauschen.

Der REPLACE-Befehl kennt zwei verschiedene Betriebsarten, die mit dem SET-Befehl eingestellt werden.
In beiden ist es möglich, ein Bauelement auf der Platine durch ein anderes aus einer beliebigen Bibliothek zu ersetzen.
Die erste Betriebsart wird folgendermaßen aktiviert:

**SET*REPLACE_SAME*NAMES;**          **RET**

Diese Betriebsart wird beim Programmstart eingestellt.
Man hat die Möglichkeit ein Package durch ein anderes aus einer anderen Bibliothek zu ersetzen.
Hierzu müssen dieselben Pad-und Smd-Namen vorhanden sein, zusätzliche Pads und Smds sind erlaubt.
Die Lage der Anschlüsse ist beliebig.

## Beispiel: Austausch VON C2

| | |
|---|---|
| USE | **LMT** |
| PASSIVE | **2xLMT** |
| REPLACE | **RET** |
| C-15 | **2xLMT** |

C2 der ausgetauscht werden soll mit **LMT** selektieren.


Die zweite Betriebsart wird folgendermaßen aktiviert:

**SET*REPLACE_SAME*COORDS;**          **RET**

Diese Betriebsart erlaubt es ebenfalls ein Package durch ein anderes aus einer anderen Bibliothek zu ersetzen, bei dem auf den selben Koordinaten Pads oder Smds liegen.
Die Namen dürfen unterschiedlich sein und es dürfen zusätzliche Pads oder Smds vorhanden sein.

**Beispiel: Austausch von C1** mit einem ungepolten Kondensator.

Betriebsart umschalten:   **SET*REPLACE_SAME*COORDS;**        **RET**

| | |
|---|---|
| USE | **LMT** |
| Passive | **2xLMT** |
| REPLACE | **LMT** |
| C-15 | **2xLMT** |

C1 der ausgetauscht werden soll mit **LMT** selektieren.

## REPLACE funktioniert nur mit eingeblendetem tOrigins-Layer.


# RUN
Der RUN-Befehl startet ein User-Language-Programm, hierzu muß dann die jeweilige Platine bzw. Schaltplan geladen sein. Hinweise zu den vorhandenen *.ULP.

BOM.ULP            ---->    Boardname.BOM (erzeugte Datei)
Hiermit wird eine Stückliste der geladenen Platine erzeugt. Zusätzlich wird eine Materialliste bereitgestellt, bei der gleiche Bauteile Stückzahlmäßig zusammengefaßt werden.

DRILLCFG.ULP       ---->    Boardname.DRL
Hiermit wird eine Bohrerkonfigurationsdatei der geladenen Platine erzeugt, sie wird zur Definition von Bohrdaten für NC-Automaten benötigt.

DRILLS.ULP         ---->    Boardname.DRH
Hiermit wird eine Liste aller Bohrungen eines Boards erzeugt.

DXF.ULP            ---->    Board-oder Schematicname.DXF
Hiermit wird eine DXF-Datei erzeugt, damit können CAD-Daten von EAGLE in andere CAD-Systeme z.B. AUTOCAD eingelesen werden.

LAYERS.ULP         ---->    Board-oder Schematicname.LAY
Eine Aufstellung der verwendeten Layern wird bereitgestellt.

NETLIST.ULP        ---->    Boardname.NET
Hiermit wird eine Netliste einer Platine oder eines Schaltplanes erzeugt.

PARTS.ULP        ----> Boardname.PRT

Hiermit wird eine Bauteilliste mit Positionsangabe der geladenen Platine erzeugt.

PSDRAW.ULP       ----> Board-oder Schematicname.PS

Hiermit wird eine Postscript-Datei erzeugt.

RENUMBER.ULP     ----> RENUMBER.SCR

Hiermit wird eine SCRIPT-Datei erzeugt mit der den Bauteilnamen die Ziffernfolge von links nach rechts hochzählend neu zugeordnet werden.

SNAP.ULP         ----> SNAP.SCR

Hiermit wird eine SCRIPT-Datei erzeugt, womit Bauteile die außerhalb des 1/20"-Rasters liegen, auf diesem ausgerichtet werden.

## ACHTUNG!!

ALL diese ULP werden mit RUN gestartet, danach können die erzeugten Dateien weiter verarbeitet werden.
Die erzeugten SCRIPT.Files müssen durch den Script - Befehl ausgeführt werden.

## SET

Mit diesem Befehl können eingestellte Systemparameter verändert werden.

### Beispiele:

set*color_Layer*bottom*magenta;   **RET**   ( Farbenumstellung)
Black, Blue, Green, Cyan, Red, Magenta, Brown, LGray, DGray, LBlue, LGreen, LCyan, LRed, LMagenta, Yellow, White

Die Namen der Farben können durch die Zahlen 0-15 ersetzt werden.

set*Pad_names ON;    **RET**

set*Pad_names OFF;   **RET**

✱ Mit dieser Befehlseingabe ist es möglich, die Pad-Namen ein bzw. auszuschalten.

Weitere Systemparameter die über SET verändert werden,
**siehe** SET-Befehl mit F1 (Hilfe).

# SCRIPT

Der SCRIPT-Befehl stellt eine Möglichkeit dar, Befehlssequenzen auszuführen, die in einer Datei abgelegt sind. Wählt man den Befehl mit Hilfe der Maus, dann zeigt ein Popup-Menü alle Dateien mit der Erweiterung .scr an. Der SCRIPT-Befehl bietet die Möglichkeit, das Programm an individuelle Bedürfnisse anzupassen.

Unter anderem kann man damit:

- **das Befehlsmenü einstellen,**
- **Funktionstasten belegen,**
- **Platinenumrisse laden,**
- **Farben festlegen usw.**

Das Erstellen einer Script-Datei erfolgt mit Hilfe eines Texteditors

## 1. Beispiel:

Erstellung einer Script-Datei für die Umstellung in einen eigenen, definierten Metrisch-Modus mit dem integrierten Texteditor.
Im Metrisch-Modus soll die Rastereinstellung auf metrische Maße eingestellt werden, der Ecken-Layer ist anzulegen, die Farbe des Ecken-Layers soll magenta sein. Des weiteren ist in den Dimension-Layer zu wechseln und eine Linienbreite von 0mm einzustellen

Die Datei soll den Namen Metrisch.scr erhalten.

```
Ausgangsposition EAGLE Control Panel
FILE                         LMT
OPEN                         LMT
SCRIPT                       LMT
METRISCH           OK        LMT
Grid*on*mm*1*2*lines;        RET         # Rastereinstellung
Layer*111*Ecken;             RET         # Ecken Layer anlegen
set*color_layer*Ecken*magenta;     RET   # Farbe einstellen
Layer*Dimension;             RET         # Layer wechseln
Wire*0;                                  # Linienbreite einstellen
FILE                         LMT
SAVE                         LMT
```
Fenster mit 2 x **LMT** auf den System-Button schließen.

Im Board-Modus Metrisch.SCR testen. Hierzu erstelle ein Board
mit dem Namen Test und definiere eine Leiterplatte mit der Größe
von 100x100mm und einer Ecken-Begrenzung von 10x10mm.

## 2. Beispiel:

Erstellung einer Script-Datei für das Umschalten in den Layout-
Modus mit dem integrierten-Texteditor.
Im Layout-Modus soll die Rastereinstellung auf 1.27mm, Multiple 2,
und Dots-Darstellung eingestellt werden.
Die Funktionstasten F11 und F12 sind mit den Befehlen
Change Layer Top bzw. Bottom zu belegen.

Die Datei soll den Namen Layout.SCR erhalten.

Ausgangsposition EAGLE Control Panel

```
FILE                        LMT
OPEN                        LMT
SCRIPT                      LMT
LAYOUT            OK        LMT
grid*on*mm*1.27*2*dots;     RET
Assign*F11*'Change*Layer*Bottom';      RET
Assign*F12*'Change*Layer*Top';         RET
Window*fit;
FILE                        LMT
SAVE                        LMT
```
Fenster mit 2 x **LMT** auf den System-Button schließen.


**EAGLE** Starten, Board Test Laden und Layout.SCR einlesen.

# 7. Layout-Prüfpropgramm

DRC             Design Rule Check ( Platine prüfen )

DRC             **RET** oder **LMT**

**Der DRC-Befehl überprüft die Platine auf folgende Kriterien:**

DRILL       = Mindest-und Maximal-Bohrdurchmesser von
              Lötaugen und Durchkontaktierungen.

WIDTH       = Mindest-und Maximal-Leiterbahnbreite

DIAMETER    = Mindest-und Maximal-Durchmesser von
              Lötaugen und Durchkontaktierungen

DISTANCE    = Mindestabstand zwischen Signalen

PAD         = Restkupfer nach dem Bohren ( Ringbreite )

SMD         = Mindestbreite von SMD-Pads

OVERLAP     = Überlappung von Signalen

ANGLE       = Abweichung vom 45° Winkelraster

OFFGRID     = Elemente außerhalb des gegenwärtigen Rasters

**Standardmäßig sind alle Prüfungen eingeschaltet und mit den angegebenen Werten belegt. (1.Spalte [Haken] aktiviert)
Mit der LMT können Prüfungen abgeschaltet (1.Spalte [ ]) bzw. Werte geändert werden.
Natürlich kann man sich auch eine Script-Datei mit dem Namen DRCSET.SCR definieren, die den eigenen Bedürfnissen angepaßt ist.**

Des weiteren besteht die Möglichkeit, die Layer BOTTOM, TOP, ROUTE2-15, PADS und VIAS der gesamten Platinenfläche auf einmal zu prüfen, oder durch Ausschalten von Ebenen mit dem DISPLAY-Befehl einzelne Layer zu prüfen bzw. Teilbereichsprüfungen und Signalprüfungen durchzuführen.

### Prüfung der gesamten Platinenfläche mit allen eingeblendeten Layern

| | |
|---|---|
| DRC | **LMT** |
| OK | **LMT** |

Mit STRG + PAUSE kann der Design Rule check jederzeit abgebrochen werden.

### Prüfung der gesamten Platinenfläche aber nur den BOTTOM-Layer

| | |
|---|---|
| DISPLAY | **LMT** |
| NONE | **LMT** |
| BOTTOM | **LMT** |
| DRC | **LMT** |
| OK | **LMT** |

### Prüfung eines Teilbereiches

| | |
|---|---|
| DRC | **LMT** |
| SELECT | **LMT** |

Teilbereich mit **2xLMT** kennzeichnen

### Prüfung eines Signals

| | |
|---|---|
| SIGNAL ———— | **LMT** |
| z.B. GND eintippen | **RET** |
| OK | **LMT** |

### Anzeigen der gefundenen Fehler

| | | |
|---|---|---|
| ERRORS | **LMT** | |
| Mit **LMT** Fehler markieren | | |
| OK | **LMT** | # Fehler wird mit 1 Zoll Aulösung angezeigt |

Fehler korrigieren und durch betätigen der **MMT** auf den Fehler im DRC Errors Menü korrigierten Fehler löschen.

## Fehler-Datei löschen

Die mit dem DRC-Befehl gefundenen Fehler werden in einer Datei gespeichert, sie wird bei erneuter Durchführung eines DRC-Befehls überschrieben. Wird jedoch kein DRC durchgeführt dann ist diese Datei zu löschen.

| | |
|---|---|
| DRC | **LMT** |
| CLEAR | **LMT** |
| oder | |
| DRC*CLEAR; | **RET** |

## Design Rule check mit Hilfe einer Script-Datei

Ausgangsposition EAGLE Control Panel

| | | |
|---|---|---|
| FILE | | **LMT** |
| OPEN | | **LMT** |
| SCRIPT | | **LMT** |
| DRCSET.SCR | OK | **LMT** # Script-Datei wird geladen |

## Beispielkonfiguration für die in Aufgabe 14 genannten Bedingungen:

```
;
Set*Drc_Color*LGray;
Set*Drc_Show*On;
Set*Drc_Fill*LtSlash;
Grid*mm;
DRC**SetParameter          \
    MaxErrors      =*50    \
    MinDistance    =*0.35  \
    Overlap                \
    MinDiameter    =*1.17  \
    MaxDiameter    =*3     \
    MinDrill       =*.6    \
    MaxDrill       =*4     \
    MinWidth       =*.4    \
    MaxWidth       =*3     \
    MinPad         =*.25   \
    OffGrid;
```

Datei abspeichern, EAGLE starten, fertigbearbeitete Leiterplatte laden.

| | |
|---|---|
| SCRIPT | **LMT** |
| DRCSET.SCR | **2xLMT** |
| DRC | **LMT** # Im Popup-Menü erscheinen, die neuen in der Datei DRCSET.SCR festgelegten Prüfparameter. |

Prüfvorgang kann jetzt gestartet werden.

# 8. Erzeugung von Listen

## EXPORT

Mit Hilfe des EXPORT-Befehls besteht die Möglichkeit
verschiedene ASCII-Dateien zu erzeugen.

| | |
|---|---|
| EXPORT | **LMT** |
| SCRIPT | **2xLMT** |

\# Die mit Open geöffnete Bibliothek wird als Script-Datei ausgegeben. Damit besteht die Möglichkeit, Bibliotheken mit einem Texteditor zu bearbeiten und anschließend wieder einzulesen.

| | |
|---|---|
| EXPORT | **LMT** |
| DIRECTORY | **2xLMT** |

\# Das Inhaltsverzeichnis der gerade geöffneten Bibliothek wird ausgegeben.

| | |
|---|---|
| EXPORT | **LMT** |
| NETLIST | **2xLMT** |

\# Die Netzliste der geladenen Platine wird ausgegeben.

| | |
|---|---|
| EXPORT | **LMT** |
| PARTLIST | **2xLMT** |

\# Die Stückliste der geladenen Platine wird ausgegeben.

| | |
|---|---|
| EXPORT | **LMT** |
| PINLIST | **2xLMT** |

\# Die Pinliste der geladenen Platine wird ausgegeben.

| | |
|---|---|
| EXPORT | **LMT** |
| NETSCRIPT | **2xLMT** |

\# Die Netzliste eines geladenen Schaltplanes wird zum Einlesen der Signalverbindungen in einem Layout erzeugt.

**Beispiel :**

### Erstellen einer Stückliste mit Hilfe des EXPORT-Befehls

Ausgangsposition: Zählerplatine ist geladen

| | | |
|---|---|---|
| EXPORT | | **LMT** |
| PARTLIST | | **2xLMT** |
| OUTPUT FILENAME: | Zahlxx.prt | **RET** |

# Die Partliste der geladenen Platine wird als Datei mit dem
  Namen Zahlxx.PRT abgelegt.

  Der Zusatz .PRT hat den Vorteil, daß man die erzeugten
  ASCII-Zeichen in einem Textverarbeitungsprogramm
  direkt weiterbearbeiten kann, der Zusatz PRT läßt direkt
  erkennen, daß es sich hier um eine Partliste handelt.

**Beispiel :**

### Erstellen einer Verbindungsliste mit Hilfe des EXPORT-Befehls

Ausgangsposition: Zählerplatine ist geladen

| | | |
|---|---|---|
| EXPORT | | **LMT** |
| NETLIST | | **2xLMT** |
| OUTPUT FILENAME: | Zahlxx.net | **RET** |

**Beispiel :**

### Erstellen des Inhaltsverzeichnisses der Bibliothek Bibelxx mit Hilfe des EXPORT-Befehls

Ausgangsposition: Bibliothek Bibelxx ist mit open geladen.

| | | |
|---|---|---|
| EXPORT | | **LMT** |
| DIRECTORY | | **2xLMT** |
| OUTPUT FILENAME: | Bibel.DIR | **RET** |

**Beispiel :**

**Bearbeiten einer Bibliothek mit dem Editor**

Ausgangsposition: Bibliothek Bibelxx ist mit open geladen

| | |
|---|---|
| EXPORT | **LMT** |
| SCRIPT | **2xLMT** |
| OUTPUT FILENAME: Bibelxx.scr | **RET** |
| Fenster minimieren | |
| FILE | **LMT** |
| OPEN | **LMT** |
| SCRIPT | **LMT** |
| Bibelxx.scr   OK | **LMT** |

Mit Texteditor im vorhandenen Taster-Package die Form des Lötauges 01A auf round ändern

| | |
|---|---|
| FILE | **LMT** |
| SAVE | **LMT** |
| Fenster minimieren | |
| FILE | **LMT** |
| OPEN | **LMT** |
| Libarys | **LMT** |
| Bibelnxx.lbr   OK | **LMT** |
| SCRIPT | **LMT** |
| Bibelxx.scr | **LMT** |

Danach ist in der Bibliothek der Taster aufzurufen und zu kontrollieren, ob die vorgenommene Änderung mit dem Texteditor ausgeführt wurde.

# 9. Lötaugenänderungsprogramm XPAD

Soll die Form, der Durchmesser, bzw. der Bohrdurchmesser von Pads auf einer bereits bearbeiteten Leiterplatte geändert werden, dann kann hierzu das Programm XPAD verwendet werden.
Das Programm wird gestartet vom Unterverzeichnis EAGLE mit:

XPAD*options*filename          **RET**

## OPTIONS:
-os*(old shape)
-od*(old diameter in in:mm)
-or*(old drill in in:mm)

-ns*(new shape)
-nd*(new diameter in in:mm)
-nr*(new drill in in:mm)


Die Parameter -o legen fest, welche Pads geändert werden, die Parameter -n geben die neuen Werte der ausgewählten Pads an.
Alle Maße müssen in inch (in) oder mm angegeben werden.
Der Aufruf von XPAD kann mit allen Options-Parametern erfolgen. Werden mit -o bestimmte Parameter weggelassen, oder Parameterangaben (Maße) stimmen nicht, dann entfällt das zugehörige Auswahlkriterium.

## Beispiel 1:

Die Form der Lötstützpunkte auf der Zählerplatine sollen von rund auf achteckig geändert werden.

## Lösung 1:

XPAD*-os*round*-ns*octagon*zahlxx.brd          **RET**

# Auf der Leiterplatte haben nur die Lötstützpunkte eine runde Pad-Form, somit können die anderen Auswahlkriterien weggelassen werden.

**Beipiel 2:**

Die geänderte Padform der Lötstützunkte soll wieder auf rund gändert werden.

**Lösung 2:**

XPAD*-os*octagon*-od*0.1in*-ns*round*zahlxx.brd    **RET**

\# Hier muß mit -od ein weiteres Auswahlkriterium angegeben werden, wobei das System auf die Maßeinheit Inch voreingestellt ist, d.h. werden Maßangaben in Inch eingegeben, dann muß keine Einheit angegeben werden.
Da auch andere Pads achteckig sind und somit ebenfalls ungewollt geändert würden, muß das zusätzlich angebene Auswahlkriterium, sich zu den anderen auf der Leiterplatte befindlichen Pads unterscheiden.
Sind die genauen Maße nicht bekannt, dann kann hierzu mit dem INFO-Befehl im Bibliothek-Modus die entsprechenden Maße entnommen werden.


**Hinweis:**

Die Kombination verschiedener Options ermöglicht eine Vielzahl differenzierter Änderungen.

# 10. Layout - Dokumentationen

Für die Ausgabe der fertigen EAGLE-Platinen und Schaltpläne
ist der integrierte CAM-Prozessor zuständig.

**Gestartet wird das Programm vom EAGLE Control Panel**

### EAGLE CAM mit 2 x LMT

Das nun erscheinende Menü enthält mehrere Spalten.
In denen festgelegt wird welche Datei, welches Ausgabegerät, mit
welchen Einstellungen das Ausgabegerät arbeiten soll und
welche Daten wo ausgegeben werden.

## Begriffsdefinitionen der einzelnen Spalten:

DEVICE:         Angabe des angeschlossenen Ausgabegerätes

SCALE:          Vergrößerungs-/Verkleinerungsfaktor

---

OUTPUT:         Angabe ob die Daten in eine Datei, oder auf einer
                bestimmten Schnittstelle ausgegeben werden sollen.

---

Mirror:         Angabe ob die Zeichnung gespiegelt werden soll.

Rotate:         Angabe ob die Zeichnung um 90° gedreht werden soll.

Upside down:    Angabe ob die Zeichnung um 180° gedreht werden soll.

Quickplot:      Schnellausdruck ja/nein ( Umrissdarstellung ).

pos.Coord:      Angabe ob nur positive Koordinaten vorkommen dürfen.

Optimize:       Wegoptimierung für den Plotter.

FILL PADS:      Angabe ob die Lötaugenbohrungen ausgefüllt
                oder offen sind.

OFFSET
    X:         Verstellung des Nullpunkt auf der X-Achse in INCH
    Y:         Verstellung des Nullpunkt auf der Y-Achse in INCH
---

PAGE
    HEIGHT:    Papierhöhe in Inch
    WIDTH:     Papierbreite in Inch
---

MASK DATA
    STOPFRAME:  Der Wert legt das Übermaß (negativer Wert=
                Untermaß) der Lötstopmaske gegenüber Pads fest.

    STOPLIMIT:  Der Wert legt fest, bis zu welchem Bohrdurchmesser
                für Vias keine Lötstopmaske generiert wird.

    CREAMFRAME: Übermaß, bzw. Untermaß der Lotpastenmaske
                gegenüber SMD-Pads.
---
Auf die Erklärung der Spalten THERMALS und ANNULUS wird hier verzichtet, da sie nur relevant bei der Erstellung von Multilayer-Leiterplatten von Bedeutung sind.

Wird das Datenformat HPGL zur Ansteuerung eines Plotters ausgewählt, dann erscheint im CAM-Prozessor-Menü anstatt der PAGE-Spalte die PEN-Spalte.

---

PEN
    DIAMETER:  Stiftdurchmesser in mm
    VELOCITY:  Stiftgeschwindigkeit in cm/s
---

LAYERS:     Darstellung welche Layer ausgegeben werden

COLOR:      Angabe beim Plotter welcher Stift im Karusell
            benutzt werden soll.

FILE:              Angabe der Datei die bearbeitet werden soll

LAYER              Auswahl welche Layer im Layer-Menü sichtbar sind

## Begriffsdefinition der JOB-Spalte
Mit Hilfe der JOB-Spalte ist es möglich Ausgabeprozeduren zu automatisieren.

## Beispieldefinition eines Jobs dargestellt für einen Drucker als Ausgabegerät:

FILE                     **LMT**
OPEN                     **LMT**
BOARD                    **LMT**
Zahlxx.BRD        2 x    **LMT**
ADD                      **LMT**
Bestückplan-Topseite  OK **LMT**
Promt-Spalte             **LMT**    # Hier kann eine Meldung eingegeben
                                      werden, die vor der Ausführung des
                                      Jobs auf dem Bildschirm erscheint.
Papier einlegen

Restliche Einstellungen im CAM-Prozessor-Menü vornehmen siehe Beispieleinstellungen

Danach sind entsprechend die Jobs "Layout-Topseite" und "Layout-Bottomseite zu definieren.
Die Einstellungen sind in einem JOB-FILE abzulegen.
FILE                     **LMT**
SAVE job                 **LMT**
DRUCKER.CAM              **LMT**

Entsprechend dieser vorgehensweise ist für eine PLOTTER.CAM eine Jobdefinition für die beiden Layouts zu erstellen.

## ACHTUNG!!
PROCESS              # Eine einzelne Section wird abgearbeitet
PROCESS Job          # Alle Sectionen eines Jobs werden nach-
                       einander abgearbeitet.

DEL                  # Löscht den in der Section-Spalte
                       stehenden JOB.

# Beispiel für Einstellungen im Menü des CAM-Prozessors:

## Bestückplan-Topseite mit Laserdrucker als Ausgabegerät

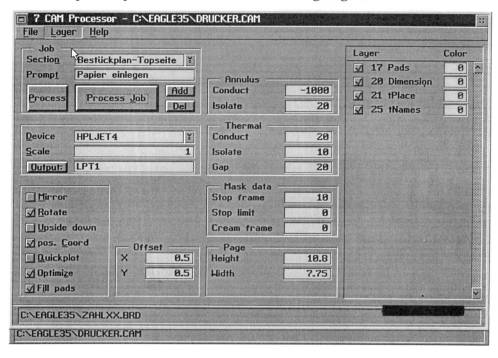

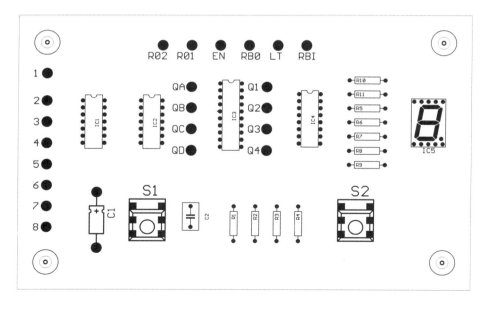

# Beispiel für Einstellungen im Menü des CAM-Prozessors

## Layout-Bottomseite mit Drucker als Ausgabegerät

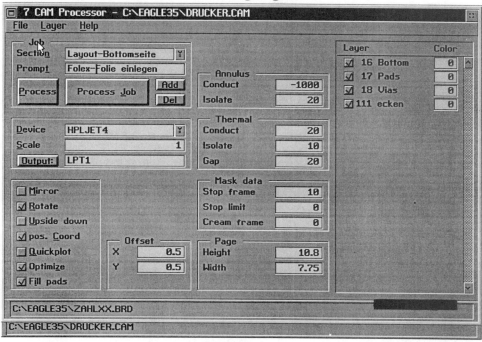

## Layout-Topseite mit Drucker als Ausgabegerät

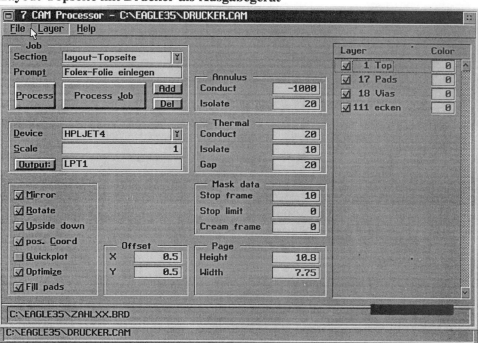

# Beispiel für Einstellungen im Menü des CAM-Prozessors

## Layout-Bottomseite mit Plotter als Ausgabegerät

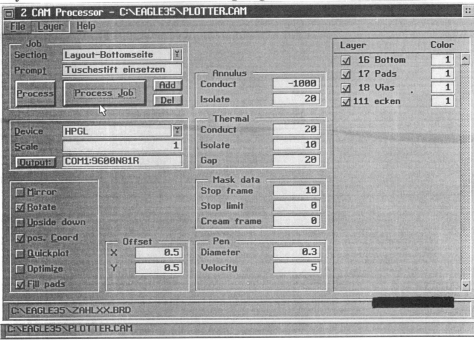

## Layout-Topseite mit Plotter als Ausgabegerät

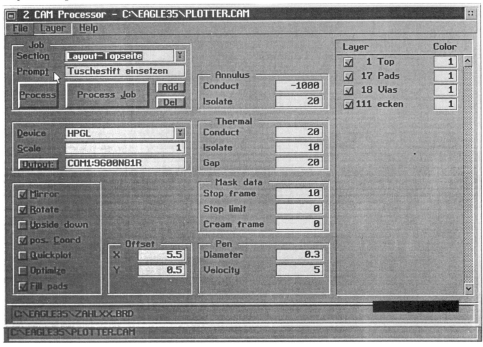

**Aufgabe 19:**

Mit Hilfe des DRC-Programms ist die Zählerplatine auf die
Kriterien der Aufgabe 13 (Seite 35) und der Aufgabe 14
(Seite 39) zu prüfen.
Mit der erstellten Bauteil-und Verbindungsliste ist eine
Überprüfung des Layouts durchzuführen.

Nach evtl. durchzuführenden Korrekturen, sind die
erforderlichen Dokumentationen anzufertigen.

# 11. Erzeugen von Excellon Bohrdaten für Bohrautomaten

Zum Erzeugen von Excellon Bohrdaten benötigt der integrierte CAM-Prozessor eine Bohrer-Konfigurationsdatei, die üblicherweise, die Werkzeugzuordnung des Bohrautomaten mit den zur Verfügung stehenden Bohrern enthält.
Diese Datei kann mit einem Texteditor erstellt werden, oder direkt mit dem RUN-Befehl aus EAGLE heraus.
Der Dateinamen bekommt den Zusatz .DRL

## 11.1. Erstellen einer Bohrer-Konfigurationsdatei mit RUN:

Ausgangsposition Zahlxx.BRD ist geladen
RUN
DRILLCFG.ULP
# Es wurde eine Datei Zahlxx.DRL erzeugt, in dieser Datei stehen sämtliche Werkzeuge, die zum Bohren der geladenen Platine erforderlich sind.

Nach dem Erstellen der *.DRL ist der CAM-Prozessor zum Erzeugen von Bohrdaten zu starten.

| | |
|---|---|
| Fenster minimize | |
| EXCELLON.CAM | 2 x **LMT** |
| FILE | **LMT** |
| OPEN | **LMT** |
| BOARD | **LMT** |
| Zahlxx.BRD | **LMT** |

Das CAM-Prozessor-Menü ist entsprechend folgendem Beispiel einzustellen, wobei die Daten zur Ansteuerung eines Bohrautomaten direkt auf Diskette oder in ein Verzeichnis mit dem Dateinamen ZAHLXX.NCD erfolgen kann.
Der CAM-Prozessor wird wie üblich mit PROCESS JOB **LMT** gestartet.

## 11.2. CAM-Prozessor-Menü
### Einstellung zum Erzeugen von Bohrdaten

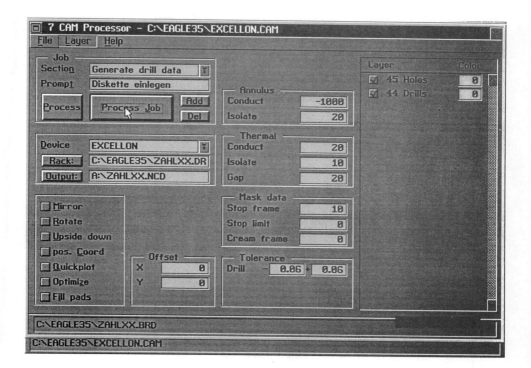

Die durch den CAM-Prozessor erzeugte NCD.Datei kann direkt
zur Ansteuerung von Bohrautomaten wie z.B. die BUNGARD-CCD
benutzt werden.
Ist die Datei erzeugt, erstellt der CAM-Prozessor automatisch
eine Informations-Datei mit dem Namen der erzeugten NCD-Datei.
Die Informations-Datei erhält den Zusatz .DRI
In dieser Informations-Datei sind die Einstellungen des CAM-
Prozessors festgehalten, des weiteren können die Anzahl der
Bohrungen sowie die Bohrdurchmesser bzw. die Werkzeugzuordnung
des Bohrautomaten entnommen werden.
Eine solche Informations-Datei wird auch dann erzeugt, wenn
in der *.DRL Bohrer fehlen sollten, die zum Bohren der
Leiterplatte benötigt werden.
Der fehlende Bohrerdurchmesser kann dann an Hand der DRI-Datei
festgestellt werden. Danach ist die *.DRL zu modifizieren
und ein erneuter Plotvorgang zu starten.

## 11.3. Beispiel einer Infomations-Datei

```
Drill Station Info File: C:\EAGLE351\ZAHLXX.DRI

    Date                : 28.03.1997 09:41:45
    Plotfile            : C:\EAGLE351\ZAHLXX.NCD
    Drills              : A:\PLATINEN\ZAEHLER\ZAHLXX.DRL
    Device              : Excellon drill station

Parameter settings:

    Tolerance Drill + : 6.00 %
    Tolerance Drill - : 6.00 %
    Rotate              : no
    Mirror              : no
    Optimize            : no
    Auto fit            : no
    OffsetX             : 0.000
    OffsetY             : 0.000
    Layers              : Drills Holes

Drill File Info:

    Data Mode           : Absolute
    Units               : 1/1000 Inch
    End Of Block        : CR/LF

Drill Tolerances:

    -- Requested --      -- Used Drill --

    Size        used    Code    Size

    0.170in        4    T06     4.320mm
    0.040in       16    T04     1.020mm
    0.028in       24    T02     0.710mm
    0.032in       67    T03     0.810mm

Drills used:

    Code    Size        used

    T01     0.700mm     10
    T02     0.710mm     24
    T03     0.810mm     67
    T04     1.020mm     16
    T05     0.050in     22
    T06     4.320mm      4

Total number of drills: 143
```

# 12. Erstellen eines Bohrplanes

Zum Erstellen eines Bohrplanes stehen dem CAM-Prozessor insgesamt 19 verschiedene Symbole zur Kennzeichnung unterschiedlicher Bohrdurchmesser zur Verfügung.
18 Symbole sind fest zugeordnet, das Durchmesserzeichen wird bei unbekannten Bohrungen generiert.
Die Zuordnung kann mit einem Texteditor in der Datei EAGLE.CFG angeschaut, geändert bzw. erstellt werden.
Die Durchmessermaße können in inch oder in mm definiert werden. Des weiteren werden beim Erzeugen des Bohrplanes die Toleranzangaben berücksichtigt, die beim Erzeugen der Bohrdaten im CAM-Prozessor eingestellt waren.

**Bohrsymbolzuordnungsbeispiel:**

| SYMBOL | SYMBOL-NAME | DEFAULT-EINSTELLUNG | BEISPIEL-EINSTELLUNG |
|---|---|---|---|
| + | -Y1 = | 0.01in | 0.6mm |
| × | -Y2 = | 0.012in | 0.7mm |
| ▢ | -Y3 = | 0.016in | 0.8mm |
| ◇ | -Y4 = | 0.024in | 1.0mm |
| ⊠ | -Y5 = | 0.032in | 1.2mm |
| ⋈ | -Y6 = | 0.04in | |
| ✧ | -Y7 = | 0.05in | 1.3mm |
| ✦ | -Y8 = | 0.056in | |
| ✳ | -Y9 = | 0.066in | 1.5mm |
| ✕ | -Y10 = | 0,07in | |
| ▽ | -Y11 = | 0.076in | |
| △ | -Y12 = | 0.086in | |
| ◁ | -Y13 = | 0.1in | 1.6mm |
| ▷ | -Y14 = | 0.15in | 2.0mm |
| ⊕ | -Y15 = | 0.2in | 2.7mm |
| ⊕ | -Y16 = | 0.22in | 3.2mm |
| ⊞ | -Y17 = | 0.23in | 4.0mm |
| ⊞ | -Y18 = | 0.254in | 4.5mm |

**Aufgabe 20:**

Erstelle für die Zählerplatine einen Bohrplan

# 13. Erstellen eines Schaltplanes und die Umsetzung in ein fertiges Layout aufgezeigt am Beispiel eines digitalen Durchgangsprüfers.

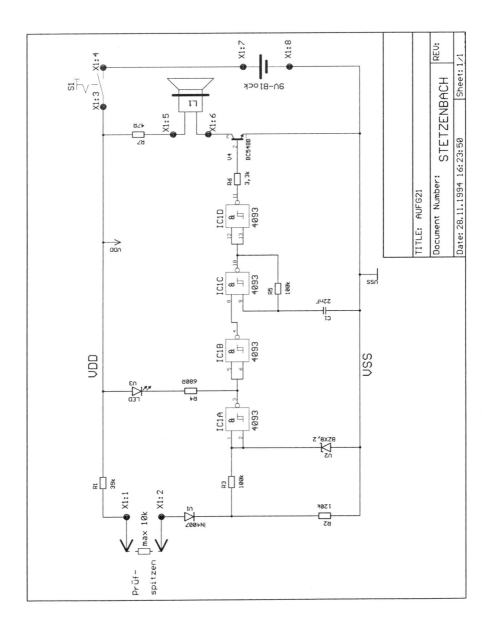

## 13.1. Anlegen eines Projektnamens

| | |
|---|---|
| FILE | **LMT** |
| OPEN | **LMT** |
| SCHEMATIC | **LMT** |
| Name: Dprüf.SCH | **OK   LMT** |

\# **Einer neuer Schaltplan mit dem Namen Dprüf.SCH wird geöffnet**

## 13.2. Arbeiten mit dem Raster

| | | |
|---|---|---|
| GRID | | **LMT** |
| ON | | **LMT** |
| LINES | | **LMT** |
| mm | | **LMT** |
| Size: | 2.54 | |
| Multiple: | 2 | **RET** |

\# **Raster wird auf mm eingestellt, der Maßstab wird eingeblendet, des weiteren wird nur jede 2.Rasterlinie im Abstand von 5.08mm dargestellt.**
**Der Abstand der Rasterlinien darf auf keinen Fall auf 2.5mm geändert werden, da ansonsten beim späteren Erzeugen der Leiterplatte mit Hilfe des BOARD-Befehls die Verbindungslinien fehlen. Damit das Arbeitsraster auf den gewünschten Werten automatisch eingestellt wird, kann dies in der Datei EAGLE.SCR vermerkt werden.**

## 13.3. Zeichnungsrahmen laden

| | |
|---|---|
| USE | **RET** |
| FRAMES | **2xLMT** |
| ADD | **LMT** |
| z.B. EURO_B | **2XLMT** |

Rahmen mit **LMT** links unten auf Position 0 0 ablegen.
Mit  ALT + F2 Bildschirm Formatfüllend darstellen.
Mit Text im SYMBOL-Layer Schriftfeld modifizieren.

## 13.4. Symbole plazieren

| | |
|---|---|
| USE | **LMT** |
| DISCRETE | **LMT** |
| RESEU-10 | **LMT** |

Schaltzeichen an geeigneter Position mit **LMT** ablegen.
Restliche Schaltzeichen setzen.
(Trans.lbr,40XX.lbr,Semicon.lbr,Bibel.lbr)
Wertangaben bzw. Namensänderungen mit NAME und VALUE eingeben.

## 13.5. Verbindungslinien und Kreuzungspunkte einzeichnen

### VERBINDUNGSLINIEN

NET                    LMT

Anfangspunkt der Verbindung mit **LMT** selektieren.
Mit **RMT** Winkel der Verbindungslinie ändern.
Mit 2x **LMT** Verbindungslinie ablegen, das Selektieren der Bauteile muß hierbei innerhalb des Pin- Kreises erfolgen, ansonsten wird die Verbindung nicht erkannt.

\# Verbindungslinien eines Schaltplanes müssen in den NET-LAYER gezeichnet werden, da bei der Umsetzung in ein entsprechendes Layout die Daten der Bauteilverbindungen aus dem NET-Layer benutzt werden.

Aufgabe 21:

Alle noch fehlenden Verbindungslinien der gegebenen Schaltung einzeichnen.

### KREUZUNGSPUNKTE

JUNCTION                LMT

Mit **LMT** Kreuzungspunkte an den entsprechenden Positionen ablegen.

## 13.6. Verbindungslinien Namen zuordnen

Netzverbindungen die spezielle Bedeutungen haben, können einen definierbaren Namen zugeordnet bekommen.

NAME                    LMT

Verbindungslinie die einen Namen bekommen soll, mit **LMT** selektieren und entsprechenden Namen angeben.

## Verbindungsliniennamen darstellen

### Soll der Namen der Verbindungslinie sichtbar erscheinen:

LABEL                   LMT

Verbindungslinie deren Name dargestellt werden soll, mit **LMT** selektieren und Fenster an gewünschter Position ablegen.
Das Label-Fenster kann nun mit den Befehlen CHANGE LAYER, CHANGE SIZE und CHANGE RATIO bearbeitet werden.

# 13.7. Versorgungsspannung für integrierte Bauteile

Bei integrierten Bausteinen wie z.B. bei Digital-Schaltungen wird die Versorgungsspannung für die Bausteine in der Regel nicht im Schaltplan eingezeichnet.
Damit aber beim Erzeugen der Leiterplatte über den BOARD-Befehl die Versorgungsspannung mit angeschlossen wird, muß die Versorgungsspannung entsprechend dem Bauteil definiert werden.

Damit die Zuordnung vorgenommen werden kann, muß man das Spannungsversorgungssymbol anzeigen lassen.
INVOKE      **LMT**
Mit **LMT** Bauteil selektieren welches angeschlossen werden soll.
Im angezeigten Menü P-Symbol mit **2xLMT** selektieren und Symbol im Schaltplan mit **LMT** ablegen.
Die Namen der benutzten Versorgungssymbole könen nun an den Anschlußpins des Power-Symbols entnommen werden.

Die Zuordnung kann über mehrere Varianten erfolgen.

### 1.Möglichkeit:

Das dargestellte Power-Symbol wird an den Anschlußpins mit den entsprechenden Netzen die zur Versorgungsspannung dienen mit dem NET-Befehl verbunden.
Des weiteren müssen den angeschlossenen Netzen mit NAME die Namen der Anschlußpins des Power-Symbols zugeordnet werden.
Das Versorgungspannungssymbol muß bei dieser vorgehensweise für jeden integrierten Baustein eingezeichnet werden.

### 2.Möglichkeit:

Aus der Bibliothek SUPPLY (Versorgungsspannung) muß entsprechend den Namen der Anschlußpins des Power-Symbols, mit ADD **LMT** die Symbole in den Schaltplan geholt werden und an den Netzen die zur Versorgung dienen angeschlossen werden.
Auch hier muß mit NAME den Netzen der Name des jeweiligen Symbols zugeordnet werden.

### Hinweis:
Wird die Versorgungsspannung nicht nach einer dieser Möglichkeiten zugeordnet, dann wird das Fehlersuchprogramm ERC Fehler auflisten und die Bausteine werden beim Erzeugen der Leiterplatte über den BOARD-Befehl nicht mit Spannung versorgt.

## 13.8. Sonderbefehle

### PINSWAP

Mit diesem Befehl ist es möglich in einem Schaltplan, Pins im selben Device zu vertauschen, wenn bei der Symbol-Definition den Anschlußpins der gleiche Swaplevel zugeordnet wurde (Swaplevel= Vertauschbarkeit ohne Funktionsänderung).

### BEISPIEL:

Die Eingangsbeschaltung von IC1C soll vertauscht werden.
PINSWAP        **LMT**
Pin 8 mit **LMT** selektieren
Pin 9 mit **LMT** selektieren
# Dieser Vorgang wird in der Regel dann benutzt, wenn beim Zeichnen von Schaltplänen unnötige Kreuzungen entstehen.


### GATESWAP

Mit diesem Befehl besteht die Möglichkeit komplette Gatter in einem Schaltplan zu vertauschen, wenn die Gatter identisch sind, d.h. die selben Pins und in der Device-Definition den gleichen Swaplevel zugeordnet bekommen haben.

### Beispiel:

Beim Zeichnen des Schaltplanes wird erkennbar, daß IC1B mit IC1C vertauscht werden müßten damit beim Layoutentflechten weniger Kreuzungen entstehen.
GATESWAP       **LMT**
Gatter IC1B mit **LMT** selektieren
Gatter IC1C mit **LMT** selektieren

# 13.9. Schaltung überprüfen

Zuerst mit Hilfe des SHOW-Befehls die eingebenen Verbindungen nochmals kontrollieren.
Danach ist ein Electrical Rule Check durchzuführen.

Hierbei wird der Schaltplan auf elektrische Fehler überprüft und die Ergebnisse werden in eine Text-Datei geschrieben. Der Dateinamen besteht aus dem Zeichnungsnamen mit dem Zusatz .ERC.

**Beispiel Fehler-Datei erzeugen:**

ERC                             **RET**
Erzeugte Fehlerdatei die den Namen des geprüften Schaltplanes mit dem Zusatz .ERC besitzt wird direkt eingeblendet. Fehler notieren, bzw. ausdrucken und Fehler im Schaltplan beseitigen und erneut ERC aufrufen.

**Folgende Warn-und Fehlermeldungen werden ausgegeben:**

1.  SUPPLY Pin Pin_Name overwritten with Net_Name
\#  **SUPPLY Pin Pin_Name überschrieben mit Net_Name**

2.  NC Pin Elem._Name Pin_Name connected to Net_Name
\#  **NC Pin Elem._Name Pin_Name verbunden mit Net_Name**

3.  POWER Pin El._Name Pin_Name connected to Net_Name
\#  **POWER Pin Elem.Name Pin_Name verbunden mit Net_Name**

4.  only one Pin on net Net_Name
\#  **nur ein Pin an Netz Net_Name**

5.  no Pins on net Net_Name
\#  **keine Pins an Netz Net_Name**

6. SHEET Sheet_Nr.: unconnected Pin: Element_N. Pin_N.
\# **offener Pin an Baustein mit ein oder zwei Anschlüssen**

7. no SUPPLY for Power Pin Element_Name Pin_Name
\# **SUPPLY für POWER-Pin des benutzten Gatters Element_Name Pin_Name fehlt**

8. no SUPPLY for implicit POWER Pin Element_Name Pin_Name
\# **SUPPLY für POWER-Pin des unbenutzten Gatters Element_Name Pin_Name fehlt**

9. unconnected INPUT Pin: Element_Name Pin_Name
\# **offener INPUT-Pin: Element_Name Pin_Name**

10. only INPUT Pins on net NET_Name
\# **ausschließlich INPUT-Pins an Netz NET_Name**

11. OUTPUT and OC Pins mixed on Net_Name
\# **OUTPUT und OC an Netz Net_Name gemischt**

12. n OUTPUT Pins on net Net_Name
\# **mehrere OUTPUT-Pins an Netz Net_Name**

13. OUTPUT and SUPPLY Pins mixed on net OUTNET
\# **OUTPUT und SUPPLY Pins an Netz OUTNET gemischt**


Wenn keine Fehlermeldungen vorhanden sind, bzw. die vorhandenen Fehler korrigiert sind, dann ist mit WRITE abzuspeichern. Die Datei erhält beim Abspeichern den Zusatz **.sch**

**Mit dem CAM-Prozessor kann jetzt eine Ausgabe des erzeugten Schaltplanes erstellt werden.**

**Des weiteren besteht die Möglichkeit Stücklisten, Verbindungslisten etc. zu erzeugen.**

# 14. Platine erzeugen

       Ausgangsposition: Dprüf.SCH ist geladen

## 14.1. Erzeugung einer Script-Datei der Verbindungslinien

    EXPORT                             **RET**
    NETSCRIPT                         **2xLMT**
    Output Filename: Dprüf.SCR eintippen     **RET**

## 14.2. BOARD-Befehl ausführen

    BOARD                                  **LMT**
    # Es entsteht eine Leerplatine, neben der die mit Luft-
      linien verbundenen Bauelemente plaziert sind.

## 14.3. Platinenumrisse konfigurieren

    GRID für Arbeitsstellung Metrisch-Modus einstellen
    WINDOW für Platine
    Platinengröße 55mm (X-Achse)und 65mm (Y-Achse) einstellen

## 14.4. Eckenmarkierung eingeben (8x8mm)

## 14.5. Befestigungsbohrungen festlegen

    5 x 5mm von den Eckpunkten mit ø3,5mm
    An der Position X = 27,5mm und Y = 40mm ist eine
    Bohrung mit einem Durchmesser von 20mm zu definieren.
    (Layer Hole verwenden)

## 14.6. Sperrflächen für die Bauelemente festlegen

    3mm von den Außenkanten und 5mm um die 20mm Bohrung
    darf kein Bauteil plaziert werden.

## 14.7. Bauelemente plazieren

    GRID auf Layout-Modus einstellen
    Bauteile plazieren
    z.B. Bauteile mit GROUP auf die Platine setzen
    ALT+F2
    Bauelemente ordnen
    oder mit MOVE und Namensangabe die Bauteile einzeln auf die
    Leiterplatte holen und plazieren.
    **Beispiel:**
    MO*R1 **RET** Bauteil R1 hängt zum Plazieren am Cursor

### 14.8. Plazierung optimieren

```
UNROUTED LAYER einschalten
RATSNEST                        LMT
Plazierung optimieren
```

### 14.9. Sperrflächen für Leiterbahnen definieren

**Aufgabe 22:**
```
a) es ist eine einseitige Leiterplatte zu verwenden
b) die nutzbare Leiterbahnfläche endet 2mm hinter der
   Begrenzung für Bauelemente
```

### 14.10. Platine entflechten

**Aufgabe 23:**
```
Die Leiterplatte ist mit einer Leiterbahnbreite von
mind. 0.6mm zu entflechten (Signalabstand mind. 0.35mm).
Der Bottom-Layer soll folgende Kennzeichnung beinhalten:
Lötseite, Name des Layouters und die Nummern der Lötstütz-
punkte 1-8 an den jeweiligen Positionen.
```

## 15. Platine prüfen

### 15.1. Einlesen der vom Schaltplan erzeugten Script-Datei

**ACHTUNG!!**

```
Dieser Schritt kann bzw. muß entfallen wenn die Forward&
Back-Annotation eingeschaltet war.
Er ist jedoch eine hervorragende Hilfe, wenn aus irgend
welchen Gründen die Forward&Back-Annotation ausgeschaltet war.
SCRIPT                          LMT
Dprüf                           LMT
Bei Fehlermeldungen die Verbindungsliste des Schaltplanes
mit der Verbindungsliste der Leiterplatte vergleichen.
RAT                             LMT
Fehler korrigieren
```

### 15.2. Design Rule Check durchführen

## 16. Listen erzeugen

## 17. Layout dokumentieren

**Aufgabe 24:**
```
Mit dem CAM-Prozessor sind sämtliche zur Fertigung erforderlichen
Unterlagen zu erstellen.
```

# 18. Entwurf von Symbolen, Devices und Packages
## Beispiel Notstromversorg

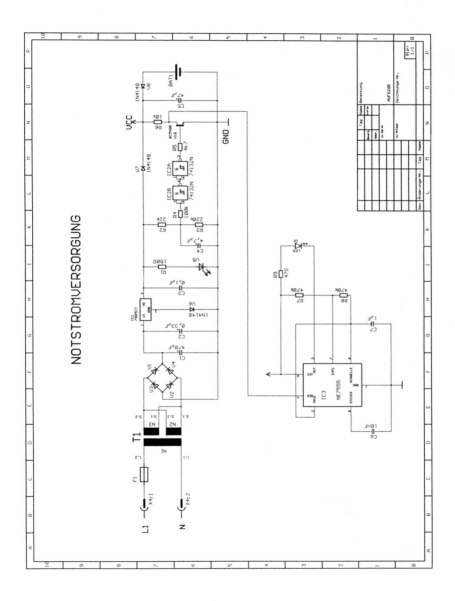

## AUFGABE 25:

Die Symbole - Devices - und Macrodefinitionen sind für die fehlenden Schaltzeichen der Notstromversorgung zu erstellen.

## AUFGABE 26:

Die Schaltung ist zu vervollständigen.

## AUFGABE 27:

Das Layout mit der Größe von 100x100mm ist mit einseitigem Leiterbahnverlauf zu realisieren.

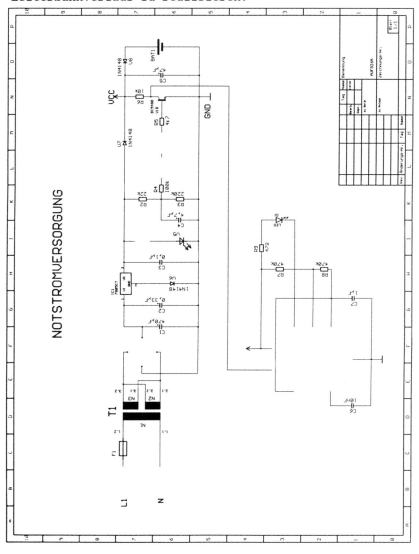

## 18.1. Symboldefinition Widerstand

**Bibliothek öffnen**

```
OPEN                RET
BIBELxx             RET
EDIT                LMT
SYM                 LMT
Leerfeld   NEW:     LMT
Resistor            RET
```

**Raster evtl umschalten**

Maßskala ein, Liniendarstellung, mm Einheit, Size= 1.27
Multiple= 2

**Symbol definieren**

Bei der Erstellung von Symbolen wurde in EAGLE nach bestimmten
Regeln vorgegangen, die nach Möglichkeit bei Neudefinitionen
ebenfalls einzuhalten sind.
- Origin in der Mitte
- Strichstärke bei Symbolen 0,254mm (Pins:0,1524mm)
- Text-Größe für >NAME und >VALUE 2,54mm
    (kleine Symbole 1,778mm)
- Schriftdicke (Ratio 8)
- Eingänge links
- Ausgänge rechts
- Pin-Abstand 2,54mm
- Pins nach Möglichkeit nur rechts und links
- "Set" oben, "Reset" unten, Takt in der Mitte
- Datenleitungen oben, Steuerleitungen unten
- Zählung beginnt immer von oben (z.B. D0..D7 von oben her)
- Ausgänge von oben beginnen, 1 Rastereinheit vom oberen Rand
- Falls Bezug Eingang/Ausgang: Pins gegenüber plazieren
- Symbolhöhe und Symbolbreite bei ICs möglichst klein
- Symbolhöhe und Symbolbreite bei diskreten Bauteilen
    z.B. Widerstand 2,54mm x 5,08mm, Pinabstand 10,16mm
    andere Bauteile entsprechend definieren.

Umrisse des Schaltplansymbols in den Symbols-Layer zeichnen.
( Baugröße = 2,54mm x 5,08mm ) Strichbreite = 0,254mm)

**ACHTUNG!!  Die Baugröße bzw. die Pins müssen immer im 2,54mm
             Raster liegen.**

## Anschlußpunkte setzen
```
PIN            LMT
```
Mit **LMT** Pins an entsprechenden Positionen ablegen.
**RMT** ==> Rotation des Pins
# Der grüne Kreis markiert die Stelle, an der später
  im Schaltplan die Verbindungslinien angeknüpft werden.
  Des weiteren werden Richtung (Direction) und Swaplevel
  in diesem Layer angezeigt.

## Einstellung der Pin-Länge
```
CHANGE         LMT
LENGTH         LMT
```
# point  ==> Pin wird ohne Linie und ohne Namen dargestellt
  short  ==> Linie des Pins ist 2,54mm lang
  Middle ==> Linie des Pins ist 5,08mm lang
  long   ==> Linie des Pins ist 7,62mm lang
  Default: long

## Ändern auf short:
```
SHORT          LMT
```
Pins die geändert werden sollen mit **LMT** selektieren.

## Pin-Namen festlegen
```
NAME           LMT
```
Mit **LMT** den Pin selektieren der einen Namen erhalten soll
```
1              RET
```
Mit **LMT** den nächsten Pin selektieren der einen Namen erhalten soll
```
2              RET
```

# Die Namen, die man den einzelnen Pins zuordnet, sollten nach
  Möglichkeit kurz und eindeutig sein.
  Bei Diskreten Bauteilen, bei denen keine Polarität beachtet
  werden muß, reicht die Kennzeichnung durch die Zahlen 1 und 2
  völlig aus.

## Einstellung von Visible (Sichtbarkeit)

Bei Widerständen, Dioden, Kondensatoren will man normalerweise im späteren Schaltplan weder die Pin-Namen noch die Pad-Namen sehen.
Deshalb muß Visible auf OFF gesetzt werden.

| | |
|---|---|
| CHANGE | **LMT** |
| VISIBLE | **LMT** |
| OFF | **LMT** |

mit **LMT** Pins selektieren.

| # | OFF | ==> | weder Pin noch Pad-Name erscheinen im Schaltplan |
|---|---|---|---|
| | PAD | ==> | nur der Pad-Name ist im Schaltplan sichtbar |
| | PIN | ==> | nur der Pin-Name ist im Schaltplan sichtbar |
| | Both | ==> | Pin und Pad-Name werden im Schaltplan dargestellt |

Default = BOTH

## Einstellung des Swaplevels (Tauschbarkeit)

Der Swaplevel gibt an, ob der Pin mit anderen Pins des gleichen Symbols äquivalent ist.
Sind Pins mit gleichem Swaplevel definiert, können sie im Schaltplan mit dem Befehl Pinswap vertauscht werden.
Swaplevel 0 bedeutet, daß der Pin mit keinem anderen vertauscht werden darf.
Beim Widerstand wird bei beiden Pins der Swaplevel auf 0 gesetzt.
Bei integrierten Bausteinen, z.B. Digitalbausteinen, wird der Swaplevel dort, wo gleiche Funktionseingänge vorhanden sind, auf gleiche Zahlen gesetzt die größer als 0 sind.
( Zahlen von 1 - 255 sind möglich)

| | |
|---|---|
| CHANGE | **LMT** |
| SWAPLEVEL | **LMT** |
| 0 | **RET** |

Mit **LMT** Pins selektieren, die den gleichen Swaplevel erhalten sollen.

## Einstellung der Signalflußrichtung

Sie wird benötigt für den Electrical Rule Check und für die automatische Verdrahtung der Stromversorgungs-Pins.
Bedeutung der verschiedenen Parameter:

| | | |
|---|---|---|
| NC | ==> | Not connected |
| IN | ==> | Eingang |
| OUT | ==> | Ausgang |
| I/O | ==> | Ein-/Ausgang ( bidirektional) |
| OC | ==> | Open Collector |
| PWR | ==> | Power-Pin Eingang, Spannungseingang ( VCC, GND ) |
| PAS | ==> | Passiv für Widerstände, Dioden, Kondensatoren |
| HIZ | ==> | High Impedance ( Tristate Ausgang) |
| SUP | ==> | Stromversorgungsausgang (Spannungsquelle) |

Default = I/O

Die Signalflußrichtung wird bei Widerständen auf PAS eingestellt

CHANGE **LMT**
DIRECTION **LMT**
PAS **LMT**
Mit **LMT** Pins selektieren.


## Namens - und Wertfenster definieren

TEXT **LMT**
**MMT**
NAMES **LMT**
>Name eintippen
**RMT** Fenster rotieren
Mit **LMT** Fenster an entsprechender Position ablegen
TEXT **LMT**
**MMT**
VALUES **LMT**
>Value eintippen
Mit **LMT** Fenster an entsprechender Position ablegen.
Mit Grid = Finest evtl. Fenster genauer positionieren.

Mit WRITE **LMT** und **RET** abspeichern.

## 18.2. Packagedefinition Widerstand

### Package anlegen
```
EDIT            LMT
Pac             LMT
Leerfeld New:   LMT
R-10            RET
```

### Raster einblenden
Raster einschalten
Raster evtl. auf mm umstellen

### Lötaugen plazieren
```
PAD             LMT
```
Mit **LMT** Lötaugen mit einem Abstand von 10,16mm an den jeweiligen Positionen ablegen.

### Bestückungssymbol einzeichnen
Mit WIRE, CIRCLE oder ARC in den tPLACE-Layer.

### Lötaugen benamen
```
NAME            LMT
```
Mit **LMT** Lötaugen selektieren und die Namen 1. - 2 zuordnen.

### Namens-und Wertfenster definieren
tNAMES und tVALUE-Layer verwenden.

### Bauteil mit WRITE LMT abspeichern

## 18.3. Devicedefinition Widerstand

### Umschaltung in Device-Modus
| | |
|---|---|
| EDIT | **LMT** |
| DEV | **LMT** |
| Leerfeld New: | **LMT** |
| RES04 | **RET** |

### Symbole in Device plazieren
Raster einschalten und Maßeinheit evtl. auf mm einstellen
| | |
|---|---|
| ADD | **LMT** |
| Resistor | **LMT** |
| Mit **LMT** Widerstandssymbol ablegen | |
| ALT+F2 | # größtmögliche Darstellung |

### Gehäusezuordnung vornehmen
| | |
|---|---|
| Package | **LMT** |
| R 10 | **2xLMT** |
| F2 | # Gehäusezuordnung wird sichtbar |

### Pin - Pad - Zuordnung definieren
Die Anschlüsse des Symbols die als Pin bezeichnet werden, müssen den Gehäuseanschlüssen die als Pad definiert wurden, entsprechend zugeordnet werden.
| | |
|---|---|
| CONNECT | **LMT** |
| 1 * 1 * 2 * 2; | **RET** |
| Pin Pad Pin Pad | |

### Prefix zuordnen
Mit Prefix kann man dem Bauteil einen bestimmten Namen geben, der automatisch beim Aufruf des Schaltplansymbols erscheint. (Widerstand R, Kondensator C, Integrierte Bausteine IC, usw.)
| | |
|---|---|
| PREFIX | **LMT** |
| R | **RET** |
| F2 | |

### Bauteilwert einstellen
| | |
|---|---|
| VALUE | **LMT** |
| ON | **LMT** |

# Bei dieser Einstellung kann der Wert des Bauteils in der Schaltung frei definiert werden.
Mit VALUE OFF wird automatisch der Devicename als Wert übernommen, wobei keine Veränderung möglich ist.

## Addlevel einstellen

Bei nur einem Symbol im Device, kann die Defaulteinstellung Next bestehen bleiben.

## Folgende Addlevel sind möglich:
NEXT
MUST
ALWAYS
CAN
REQUEST

## NEXT:
Enthält ein Device mehr als ein Symbol, dann werden in den Schaltplan der Reihe nach die Symbole aus der Bibliothek geholt, die mit Addlevel NEXT definiert wurden.

## MUST: ALWAYS: CAN:
Enthält ein Device, wie z.B. ein Relais, als Symbole Kontakte und eine Spule, dann wird das Spulensymbol mit einem Addlevel MUST belegt, die Kontakte bekommen einen Addlevel Always oder Can.
# Wird aus der Bibliothek mit Add ein Symbol geholt, dann ist die Spule automatisch mit aufgerufen. Die Spule kann erst dann mit Delete gelöscht werden, wenn zuerst die Kontakte mit Delete gelöscht wurden.
Kontakte die den Addlevel Always haben, erscheinen alle auf dem Schaltplan, sie können mit Delete gelöscht bzw. mit Invoke wieder in den Schaltplan geholt werden. Kontakte die mit dem Addlevel Can definiert wurden, können mit Invoke aufgerufen bzw. mit Delete gelöscht werden.

## REQUEST:
Symbole die in einem Device zur Spannungsversorgung plaziert wurden, werden auf den Addlevel Request gesetzt. Die Darstellung kann bei Bedarf im Schaltplan mit Invoke sichtbar gemacht werden.

## Swaplevel einstellen

Auch im Device - Modus kann ein Swaplevel definiert werden.
Die Bedeutung liegt hier in der Tauschbarkeit von Symbolen
beim Schaltplanzeichnen.
Symbole die den gleichen Swaplevel haben können mit dem
Befehl Gateswap getauscht werden.
Befindet sich im Device nur ein Symbol, dann muß der
Swaplevel auf 0 gesetzt werden.

CHANGE **LMT**
SWAPLEVEL **LMT**
0 eintippen **RET**
mit **LMT** Symbol selektieren.


## Device abspeichern und Bibliothek verlassen

WRITE **LMT**
2 x **LMT** auf den System-Button

## 18.4. Symboldefinition 45°- Diode

### Bibliothek öffnen
```
OPEN              RET
BIBELxx           LMT
EDIT              LMT
SYM               LMT
Leerfeld New:     LMT
Diode45°          RET
```

### Raster einschalten

### Symbol definieren
Umrisse des Schaltplansymbols mit einem Winkel von 45°
in den Symbols-Layer zeichnen.
( Baugröße ~ 4 schräge Rasterfelder = 11,5mm )

### Anschlußpunkte setzen
Die Pin-Länge muß hierzu zuerst auf point-Darstellung umge-
schaltet werden (45° schräge).
PIN*point*'A'           RET
Mit LMT Pin an der entsprechenden Position ablegen.
\# Mit der Texteingabe können alle CHANGE-Parameter gleichzeitig
   in beliebiger Reihenfolge mit angegeben werden.
   Der in Hochkomma gesetzte Buchstabe ist der Pin-Name.
Mit PIN*'K'             RET den 2.Anschluß definieren

### Pin-Namen festlegen bzw. kontrollieren
NAME              LMT
Mit LMT Anoden-Pin selektieren      A  RET
Mit LMT Kathoden-Pin selektieren    K  RET

### Einstellung von Visible

### Einstellung des Swaplevels
Der Swaplevel muß auf 0 eingestellt werden.

### Einstellung von Direction
Die Signalflußrichtung muß auf Pas eingestellt werden.

### Namens-und Wertfenster definieren
TEXT          **LMT**
**MMT**
NAMES         **LMT**
>Name eintippen und mit **LMT** Fenster ablegen
Value-Fenster in Value-Layer definieren

### Abspeicherung vornehmen

## 18.5. Packagedefinition 45°-Diode

### Bauteil mit dem Namen Diode05 anlegen. (Rasterabstand 12,7mm)

### Raster einschalten

### Lötaugen plazieren (Rasterabstand 12,7mm beachten)

### Bestückungssymbol einzeichnen

### Lötaugen benamen
Name A (Anode) und K (Kathode) zuordnen

### Namens-und Wertfenster definieren

### Bauteil abspeichern

## 18.6. Devicedefinition 45°-Diode

**Umschalten in Device-Modus**
Device mit dem Namen Dio45°05 anlegen

**Symbole in Device plazieren**
ADD

**Gehäusezuordnung vornehmen**
Package

**Pin - Pad - Zuordnung definieren**
Connect

**Prefix zuordnen**
Prefix

**Bauteilwert einstellen**
Value

**Addlevel einstellen**
Addlevel

**Swaplevel einstellen**
Swaplevel

**Device abspeichern und Bibliothek verlassen**

## 18.7. Symboldefinition 74132

### Bibliothek öffnen
Symbol mit dem Namen 74132N anlegen

### Raster für Symbolentwurf einstellen

### Symbol zeichnen

### Anschlußpunkte setzen
Pin-Länge = long

### Function einstellen
| | |
|---|---|
| Change | **LMT** |
| FUNCTION | **LMT** |
| DOT | **LMT** |

Ausgangspin des Symbols mit **LMT** selektieren
\# Functionparameter:
    DOT    ==>   Invertierung
    CLK    ==>   Taktsymbol
    DOTCLK ==>   Invertiertes Taktsymbol

### Pin-Namen festlegen
Eingänge = I1 und I2
Ausgang  = O

### Einstellung von Visible
Darstellung = PAD

### Swaplevel des Ausgangs auf 0 einstellen,
Swaplevel der Eingänge auf 1 einstellen.

### Direction einstellen
Eingang = IN
Ausgang = OUT

### Namens - und Wertfenster definieren

### Abspeicherung vornehmen

## 18.8. Powersymbol für Integrierte Bausteine definieren

**Bibliothek öffnen**
Symbol mit dem Namen TTLP anlegen

**Raster einschalten**

**Anschlußpins setzen**
Mit Wire evtl. Symbol erg¨  en

**Pin-Namen festlegen**
VCC und GND

**Visible auf PAD einstellen**

**Swaplevel auf 0 einstellen**

**Direction auf PWR einstellen**

**Namensfenster mit TEXT im Names-Layer definieren**

**Pins mit Text ( VCC  GND ) im Names-layer kennzeichnen**

**Abspeicherung vornehmen**

## 18.9. Packagedefinition 74132

Der Baustein 74132 befindet sich in einem DIL-14 Gehäuse. Die Gehäuseform hierzu ist in der Bibliothek IC bereits vorhanden, deshalb wird auf die bestehende Package-Form zurückgegriffen.
Die Gehäuseform DIL14 muß hierzu aus der Bibliothek IC in die Bibliothek Bibel kopiert werden.

**Vorgehensweise:**

| | |
|---|---|
| OP | **RET** |
| IC | **LMT** |
| EDIT | **LMT** |
| Pac | **LMT** |
| DIL-14 | **LMT** |
| F4 | |

Mit Group Polygon um die Gehäuseform zeichnen und mit **RMT** Polygon abschließen.

| | |
|---|---|
| CUT; | **RET** |
| OP | **RET** |
| BIBELxx | **LMT** |
| EDIT | **LMT** |
| Pac | **LMT** |
| Leerfeld New: | **LMT** |
| DIL-14 | **RET** |
| PASTE | **LMT** |

Mit **LMT** Package ablegen

**Abspeicherung vornehmen**

## 18.10. Devicedefinition 74132

### Umschalten in Device-Modus
```
Device mit dem Namen 74132N anlegen
```

### Symbole in Device plazieren
```
4x NAND-Schmitt-Trigger mit je 2 Eingängen
1x Spannungsversorgung TTLP
Mit NAME      LMT
Den einzelnen Symbolen die Namen A, B, C, D zuordnen.
Mit NAME      LMT
Dem Spannungsversorgungssymbol den Namen P zuordnen.
```

### Gehäusezuordnug vornehmen

### Pin - Pad - Zuordnung definieren
```
Connect     LMT
connect A.I1*1*A.I2*2*A.O*3*B.I1*4*B.I2*5*B.O*6;         RET
connect C.I1*9*C.I2*10*C.O*8*D.I1*12*D.I2*13*D.O*11;     RET
connect P.VCC*14*P.GND*7;   RET
```

### Prefix IC zuordnen

### Bauteilwert Value ON einstellen

### Addlevel einstellen
```
Schmitt-Triggersymbole auf NEXT
Powersymbol auf REQUEST
```

### Swaplevel einstellen
```
Schmitt-Triggersymbole erhalten Swaplevel 1
Powersymbol erhält Swaplevel 0
```

### Device abspeichern und Bibliothek verlassen

## 18.11. Restliche Symbole, Macros, Devices entwerfen und in der Bibliothek Bibel abspeichern.

# 19. ANHANG

## 19.1. Lösungen zu den Aufgaben

**AUFGABE 1:**

**AUFGABE 2:**

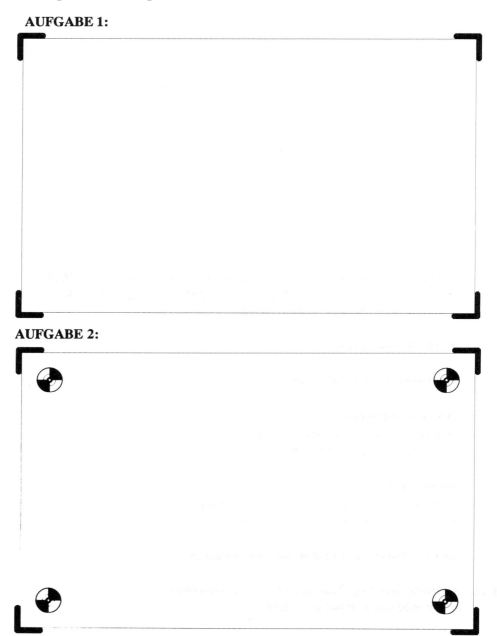

## AUFGABE 3:

## AUFGABE 4:

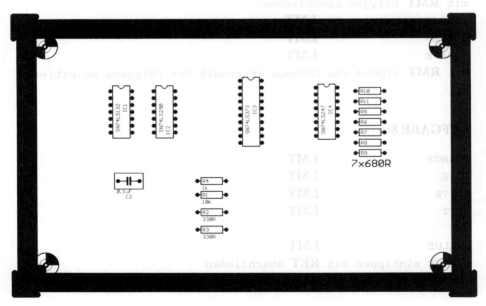

## AUFGABE 5:

| CHANGE | **LMT** |
|---|---|
| SHAPE | **LMT** |
| ROUND | **LMT** |

Lötaugen deren Form geändert werden soll mit **LMT** selektieren.


## AUFGABE 6:

| CHANGE | **LMT** |
|---|---|
| DRILL | **LMT** |
| 1.2700 | **LMT** |

Lötaugen deren Bohrdurchmesser geändert werden soll mit **LMT** selektieren.


## AUFGABE 7:

| GROUP | **LMT** |
|---|---|

Mit **LMT** Polygon um die zu veränderten Lötaugen zeichnen, mit **RMT** Polygon abschließen.

| CHANGE | **LMT** |
|---|---|
| SHAPE | **LMT** |
| SQUARE | **LMT** |

Mit **RMT** irgend ein Lötauge innerhalb des Polygons selektieren.


## AUFGABE 8:

| CHANGE | **LMT** |
|---|---|
| SIZE | **LMT** |
| 1.778 | **LMT** |
| TEXT | **LMT** |
| MMT | |
| tVALUE | **LMT** |

>VALUE eintippen mit **RET** abschließen.
Mit **LMT** Wertfenster an geeigneter Position ablegen.

## AUFGABE 9:

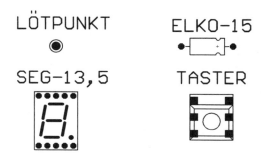

**In der Bibliothek AUFG9.LBR ist die Aufgabenlösung gespeichert**

## AUFGABE 10:

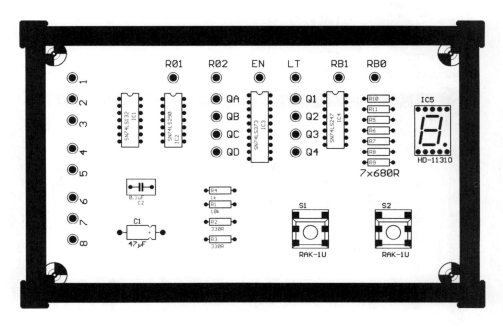

## AUFGABE 11:

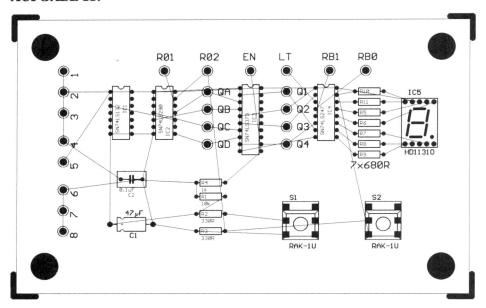

## AUFGABE 12:

**Befehlssequenz:**

| RECT | **LMT** |
|---|---|
|  | **MMT** |
| tRESTRICT | **LMT** |
| Sperrbereiche mit **LMT** definieren | |

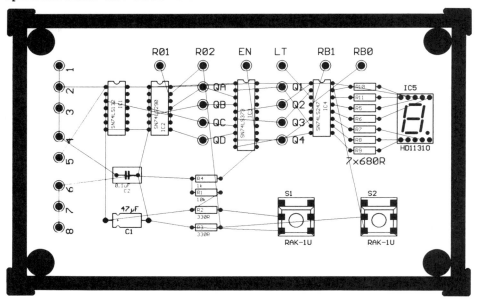

## AUfGABE 13:

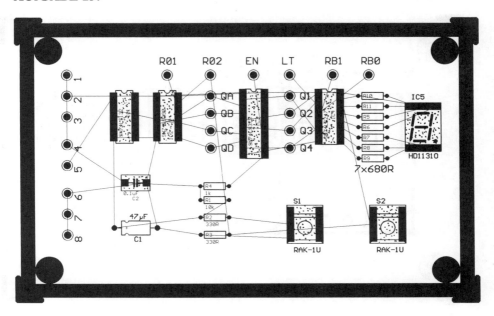

## AUfGABE 14:

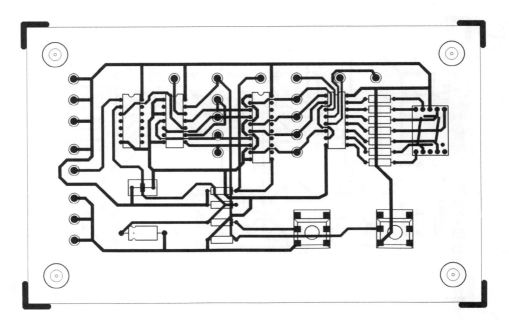

**AUFGABE 15:**

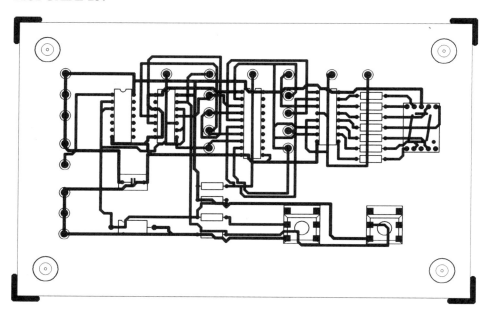

**AUFGABE 16:**

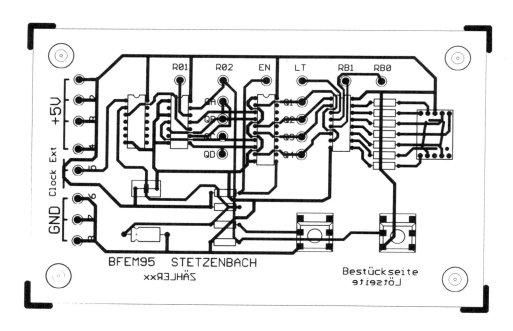

# AUFGABE 17:

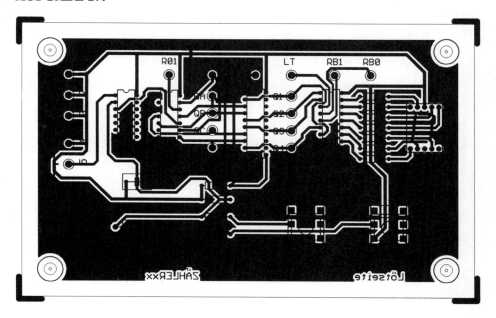

# AUFGABE 18:

| | |
|---|---|
| USE | **LMT** |
| ADD | **LMT** |
| RESO2 | **LMT** |

kontrollieren ob der umbenannte Widerstand am Cursor hängt

| | |
|---|---|
| OPEN | **LMT** |
| Passive | **2xLMT** |
| EDIT | **LMT** |
| PAC | **LMT** |
| E-25 | **2xLMT** |
| RENAME | **RET** |
| RESO2*R-5 | **RET** |
| WRITE | **LMT** |
| OK | **LMT** |
| CLOSE | **RET** |

**AUFGABE 19:** siehe Musterdokumentationen des CAM-Prozessors

## AUFGABE 20:

| SYMBOL | | Bohrergröße |
|---|---|---|
| + | = | 0.6mm |
| × | = | 0.7mm |
| ⊓ | = | 0.8mm |
| ◇ | = | 1.0mm |
| ⊠ | = | 1.2mm |
| ⊹ | = | 1.3mm |
| ✻ | = | 1.5mm |
| ◁ | = | 1.6mm |
| ▷ | = | 2.0mm |
| ⊕ | = | 2.7mm |
| ⊕ | = | 3.2mm |
| ⊞ | = | 4.0mm |
| ⊞ | = | 4.5mm |

**AUFGABE 21:** siehe Schaltplan Seite 80 bzw. AUFG21.SCH

## AUFGABE 22:

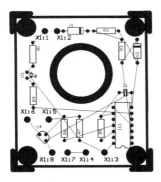

## AUFGABE 23:

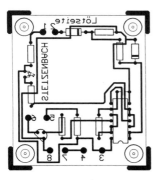

## AUFGABE 24:

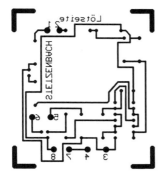 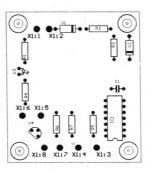 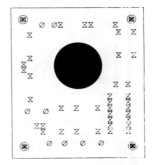

**AUFGABE 25:**

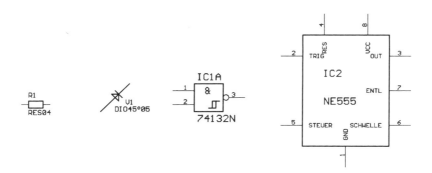

**AUFGABE 26:** siehe Schaltplan Seite 89 bzw. AUFG26.SCH

**AUFGABE 27:**

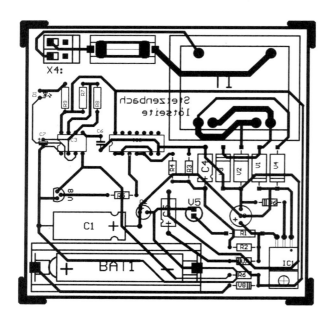

## 19.2. Sachwortverzeichnis

### A

| | |
|---|---|
| Abspeichern | 23 |
| ADD | 24 |
| ADDLEVEL | 97 |
| Airline | 5 |
| ARC | 31 |
| ASSIGN | 13 |
| AUTO (Autorouter) | 40-46 |

### B

| | |
|---|---|
| Bauteileliste | 65 |
| Bauteil verschieben, löschen | 25 |
| Bauteilname, Bauteilwert | 25 |
| Bauteil kopieren | 26 |
| Befehle | 6-11 |
| Befehlswiederholung | 19 |
| Bestückungsplan | 72 |
| Bildausschnitt | 20 |
| BOARD | 87 |
| Bohrdaten erzeugen | 77 |
| Bohrplan | 79 |
| Bohrerkonfigurations-Datei | 76 |

### C

| | |
|---|---|
| CAM-Prozessor | 69-74 |
| CIRCLE | 31 |
| CLOSE | 32 |
| CONNECT | 96,105 |
| COPY | 26 |
| CUT | 52 |

### D

| | |
|---|---|
| DELETE | 25 |
| DEVICE definieren | 96,101,105 |
| DIRECTION | 94 |
| DRC | 61-63 |

# E

| | |
|---|---|
| Entflechtung manuell | 36-39 |
| Entflechtung mit Autorouter | 40-46 |
| ERC | 85,86 |
| ERRORS | 62 |
| EXPORT | 64-66 |

# G

| | |
|---|---|
| GATESWAP | 84 |
| GRID | 17 |
| GROUP | 26 |
| Gruppe verschieben | 26 |

# H

| | |
|---|---|
| Hardware - Voraussetzungen | 1 |
| HELP | 53 |
| HOLE | 22 |

# I

| | |
|---|---|
| INFO | 53 |
| INVOKE | 83 |

# J

| | |
|---|---|
| Junction | 82 |

# L

| | |
|---|---|
| LABEL | 82 |
| LAYER | 3,4 |
| LENGTH | 92 |
| Leiterbahnen verändern | 38 |
| Leiterbahnverlegung ohne Airlines | 39 |
| Löschen von: | |
| Boards und Schaltplänen | 54 |
| Bibliotheken | 55 |
| Symbolen, Devices und Packages | 54 |
| Fehlerpolygonen die beim DRC erzeugt wurden | 63 |
| Lötaugenänderungsprogramm XPAD | 67,68 |

# M

| | |
|---|---|
| MARK | 53 |
| MENU | 53 |
| MIRROR | 53 |
| MOVE | 25,38 |

# N

| | |
|---|---|
| NAME | 25,82 |
| Namensfenster ändern | 27 |
| NET | 82 |
| Netze beschriften | 82 |

# O

| | |
|---|---|
| OPEN | 28 |
| OPTIMIZE | 38 |

# P

| | |
|---|---|
| Package definieren | 95,100,104 |
| PAD | 29 |
| PASTE | 52 |
| PINSWAP | 84 |
| Platinenumrisse | 18 |
| POLYGON | 49-51 |
| PREFIX | 96 |

# R

| | |
|---|---|
| RATSNEST | 34 |
| RECT | 23 |
| REDO | 19 |
| REMOVE | 54-55 |
| RENAME | 55 |
| REPLACE | 56,57 |
| RIPUP | 39 |
| ROUTE | 36 |
| RUN | 57,58 |

## S

| | |
|---|---|
| Schaltplan anlegen | 81 |
| SCRIPT | 58-60 |
| SET | 57 |
| SIGNAL | 33 |
| SYMBOL definieren | 91,99,102 |
| SMASH | 26 |
| Sperflächen definieren | 23,34 |
| SPLIT | 38 |
| SWAPLEVEL | 93,98 |

## T

| | |
|---|---|
| TEXT | 31,57 |

## U

| | |
|---|---|
| UNDO | 19 |
| USE | 24 |

## V

| | |
|---|---|
| VALUE | 25 |
| VISIBLE | 93 |

## W

| | |
|---|---|
| WINDOW | 20 |
| WIRE | 18 |
| WRITE | 23 |

## X

| | |
|---|---|
| XPAD | 67 |

## Z

| | |
|---|---|
| Zeichnen von Geraden, Kreisen und Kreisbögen | 30-31 |
| Zeichnungsrahmen | 81 |

## ZUSAMMENFASSUNG:

Der hier vorliegende Band ist als Ergänzung zum Handbuch
EAGLE 3.5 gedacht und soll an praktischen Beispielen
das Erlernen des Programms EAGLE 3.51 erleichtern.
Textpassagen die zum Erlernen des Programms direkt
vom Handbuch übernommen wurden, sind von der Firma
CADSOFT ausdrücklich genehmigt worden.

Mit Hilfe der mitgelieferten Diskette, die als Software
die DEMO-Version EAGLE 3.51 enhält und die Lösungen
der verschiedenen Aufgabenstellungen beinhaltet,
ist es möglich fast alle aufgezeigten Befehle
nachzuvollziehen.
Bei entsprechender Nachfrage ist eine Fortsetzung der
Themenreihe vorgesehen.
Hierbei soll verstärkt die Problematik der SMD-Technik in
Erscheinung treten.

# Moderne Produktionsprozesse der Elektrotechnik, Elektronik und Mikrosystemtechnik

Entwurf – Optimierung – Technologietransfer

Prof. Dr. Hans Eigler
Prof. Dr. Wolfgang Beyer

1996, 544 Seiten, 233 Bilder, 45 Tabellen,
348 Literaturstellen, DM 88,--
Reihe Technik
ISBN-3-8169-1264-8

Das Fachbuch vermittelt eine moderne Gesamteinführung in die sich dynamisch entwickelnden Produktionsprozesse der Elektrotechnik/Elektronik und der Mikrosystemtechnik.

Die Grundlagen, die Hauptentwicklungsrichtungen und die Schlußfolgerungen, die sich daraus ergeben werden zusammenfassend dargestellt. Es wird dabei von der Erkenntnis ausgegangen, daß Fortschritte in der Erzeugnisentwicklung zumeist Fortschritte auf dem Gebiet der Produktionsprozesse zur Voraussetzung haben.

Das Buch schafft eine Bildungsbasis für rationelle Lösungen in einer derart dynamischen Umgebung und gibt Entscheidungshilfen für rechnergestützte Produkt- und Prozeßgestaltung.

Die Aus- und Weiterbildung von Studenten und Absolventen im Studiengang Elektrotechnik wird dadurch unterstützt, daß das Buch ein Programm der Grundausbildung enthält, dessen Aneignung weniger Zeit erfordert als die Lebensdauer der gegenwärtigen Technik und Technologie.

Fordern Sie unsere Fachverzeichnisse an.
Tel. 07159/9265-0, FAX 07159/9265-20

**expert verlag GmbH · Postfach 2020 · D-71268 Renningen**

# Entwurf und Simulation von Halbleiterschaltungen mit PSPICE

Physik und Technologie der Mikroelektronik, PSPICE, Transistormodelle, Vierpol- und Signalflußmethode, rechnergestützter Entwurf von Elektronikschaltungen mit PSPICE

**Prof. Dr.-Ing. Haybatolah Khakzar (federführend)**

Dipl.-Ing Roland Friedrich, Dr.-Ing. Gerald Kampe
Prof. Dr.-Ing. Albert Mayer, Prof. Dr.-Ing. Reinold Oetinger

3., völlig neubearbeitete und erweiterte Auflage 1997
791 Seiten, 511 Bilder, 235 Literaturstellen, DM 136,--
Kontakt & Studium, Band 321
ISBN 3-8169-1262-1

Das vorliegende Buch ist in vier größere Abschnitte gegliedert.

Der erste Teil enthält Physik und Technologie der Mikroelektronik.

Der zweite Teil führt in das Netzwerkanalyseprogramm PSPICE ein und erläutert dessen Handhabung.

Im dritten Teil werden Diodenmodell, modifiziertes Gummel-Poon-Modell für bipolare Transistoren, Sperrschichtmodell, MOS-Feldeffekttransistormodelle (Modell 1, 2, 3 und Berkley BSIM-Modell) GaAs-MESFET und HEMT-Modell amorpher Si-Dünnschichttransistor vorgestellt.

Im vierten Teil werden Entwurf und Analyse von Halbleiterschaltungen behandelt.
Kapitel 1 bringt die Verstärkerberechnung mit der klassischen Vierpol- und Gegenkopplungstheorie.
Im Kapitel 2 wird gezeigt, wie man Spannungs- und Stromverstärkung, Eingangs- und Ausgangswiderstand mit einem einzigen Signalflußgraphen berechnen kann.
Der Entwurf stabiler gegengekoppelter analoger Schaltungen ist Gegenstand von Kapitel 3.
Kapitel 4 behandelt den Operationsverstärker.
Im Kapitel 5 wird der Entwurf von Breitbandverstärkern nach dem CHERRY-HOOPER-Prinzip vorgestellt.
Die Berechnung und Simulation von Oszillatorschaltungen ist Gegenstand vom Kapitel 6.
In Kapitel 7 werden nach einer Einführung in die Transistorrauschmodelle verschiedener Verstärkerkonfigurationen simuliert. Als Grundlage für die Systemkonzipierung wird das Signal-Rausch-Verhältnis bei Trägerfrequenz-, Nachrichtensatelliten- und optischen Nachrichtensystemen bestimmt.
Kapitel 8 befaßt sich mit frequenzabhängigen Übertragungssystemen und den Klirreigenschaften unterschiedlicher Verstärkerkonfigurationen.
In dem abschließenden Kapitel 9 bringen wir Simulationsbeispiele von Halbleiterschaltungen mit SPICE.

**expert verlag GmbH · Postfach 2020 · D-71268 Renningen**

# Moderne Berechnungsmethoden in Elektrotechnik und Elektronik

Grundlagen zur neuzeitlichen Schaltungsanalyse
für Elektrotechniker

Prof. Dipl.-Ing. Inger Eldberm

1995, 273 Seiten, 220 Bilder, 102 Literaturstellen, DM 49,--
Reihe Technik
ISBN 3-8169-1268-0

In der klassischen Elektrotechnik und Elektronik waren es hauptsächlich einzelne Bauteile, beispielsweise Spulen, Kondensatoren, Widerstände oder Elektronenröhren, denen als fundamentale Elemente der Gerätetechnik große Aufmerksamkeit gewidmet wurde. Erst in neuerer Zeit, mit der Entwicklung einer weitverzweigten Halbleitertechnologie, wurde der allen Bauteilen gemeinsame natürliche Kern immer deutlicher. Rechenansätze, mit diesen Gemeinsamkeiten aufgestellt, gelten universell für ganz unterschiedliche technische Konfigurationen.

Heute weiß man: Nicht die Bauteile selbst, sondern nur die formalen Regeln, die ihre Beziehungen untereinander beschreiben und mit denen ihre Wirksamkeiten verknüpft werden können, führen schnell zu neuen Erkenntnissen. Der Mut, die elementbezogene Denkweise zur Abstraktion zu ändern, also in Strukturen zu denken, hat sich als ungeahnt erfolgreich herausgestellt - nicht zuletzt deshalb, weil das Rechnen mit Strukturen sehr viel leichter, bequemer und effektiver ist als der Umgang mit vereinzelten Funktionselementen.

Die an praxisgerechten Ergebnissen interessierten Elektrofachleute mit der so nützlichen und zuverlässig funktionierenden Berechnungsmethode bekannt zu machen, ist Ziel dieses Buchs. Zugleich bringt die ordnende Wirkung eines strukturorientierten Denkansatzes beim Arbeiten mit Computern die Sicherheit, die nötig ist, um den Ergebnissen eines nicht mehr sichtbaren Rechenprozesses zu trauen.

Die Interessenten: Fachleute (oder solche, dies es einmal werden wollen), die eine sicher funktionierende- professionelle und praxistaugliche Berechnungsmethode für lineare und bereichsweise lineare Schaltkreise benötigen.

expert verlag GmbH · Postfach 2020 · D-71268 Renningen